廢名研究札記

陳建軍　張吉兵　著

弁言

　　研究一個作家，必然會涉及「其人」、「其事」和「其文」。

　　長期以來，廢名「其文」一直沒有得到全面的整理。儘管坊間有數十種單行本或選集本流行，但畢竟只是「冰山一角」，未能反映廢名著述的全貌。2009 年 1 月，《廢名集》（六卷本）歷時十二載，幾經周折，終於「千呼萬喚始出來」，由北京大學出版社印行。編者對所能找到的廢名已刊或未刊的「小說」、「詩」、「文」和「論」一一做了詳細、準確的校勘，並隨文出注，將廢名身前各種著作版本的變遷情況完整地呈現了出來，為廢名研究者提供了一個足堪信賴的整理本。雖然集中漏收了私函和少量作品，但是從文獻整理的角度來看，廢名「其文」的問題應該說基本上得到了解決。

　　孟子曰：「誦其詩，讀其書，不知其人，可乎？」（《孟子·萬章下》）研究廢名「其文」，無法繞開廢名「其人」、「其事」。「其人」、「其事」，是深入探究「其文」的外部條件和背景資料，更是編撰作家生平年表、年譜、傳記不可或缺的重要依據。迄今為止，有關廢名「其人」、「其事」，仍然是整個廢名研究中相對薄弱的一個領域。已有的成果，或過於簡略，或失之準確，且多是根據廢名的小說創作整理而成。從最初的〈一封信〉到最後的《莫須有先生坐飛機以後》，廢名的小說大多富於自傳色彩，帶有「信史」性質。通過這些作品，當然可以對廢名「其人」、「其事」多少會有所瞭解。但是，要想全面、準確地瞭解廢名「其人」、「其事」，單靠「其文」是遠遠不夠的，還必須盡可能地發掘「其文」之外的有價值的史料。不過，這種發掘工作，其難度之大，實可想見。

　　近幾年，我在廢名研究特別是「其人」、「其事」的史料發掘與整理方面花了一些時間。除《廢名年譜》外，從收入本書的十來篇文章中，大概也可以看出我在這方面所作的努力。如果我的這些文字對治論或治史者哪怕僅有一星半點的參考和利用價值，那就說明我的努力並沒有白費。我深知，區區十來篇文章還不足以完全滿足治論或治史者的要求。為了我所敬重的現代作家──廢名，尚需努力，或許是我應當承擔的一種義務和責任。好在，我不是一個人在「戰鬥」。在我的周圍，有幾個同道者，吉兵兄就是其中之一。吉兵兄在研究「抗戰時期的廢名」方面用力甚勤，頗有心得。本書中有五篇文章，即〈廢名的避難經歷與其家族生活〉、〈抗戰期間廢名任金家寨小學教員行狀綜說〉、〈抗戰期間廢名任黃梅縣中教員行狀綜說〉、〈一位近世鄉儒及其家族的剪影──熊十力撰「黃梅馮府君墓誌」發微〉和〈廢名題紫雲閣對聯詮解〉是出自他的手筆。吉兵兄和我合作出版的這本書，就是我們並肩作戰的有力見證。

　　需要向讀者交代的是：收入本書中的文章，均已在《魯迅研究月刊》、《貴州社會科學》、《長江學術》、《名作欣賞》、《博覽群書》、《書屋》等媒體上發表過，其原載書、刊、報和時間俱見各篇文末；在收入本書時，所有文章都略有改動；凡引用的文字，一律採取夾註形式標明其出處。

　　感謝蔡登山先生，是他為這本小書提供了出版的機會。

陳建軍

2009 年 3 月 16 日

目　次

廢名小傳

　　廢名，原姓馮名勳北，字焱明，號蘊仲（又曰蘊中或蘊重），學名文炳，乳名焱兒。除「廢名」外，筆名還有蘊是、病火、丁武、法等。他是中國現代文學史上一位具有鮮明個性和獨立精神的作家、學者，有「奇才」、「僻才」之稱。

　　1901 年 11 月 9 日（清光緒辛丑年九月二十九日卯時），廢名出生在湖北黃梅縣城東門一個小康家庭。祖父馮汝順為製作竹器的手工業者。兩個叔父都經商，一開南貨店，一開布店。父親馮楚池，讀書人出身，以教書為業，曾任縣勸學所勸學員。母親岳氏，為縣城近郊岳家灣農家女，後皈依佛門，法名還春，修持甚謹。廢名兄弟姐妹六人。姐遠嫁，妹早夭，大哥幼亡。廢名和另兩個兄弟均畢業於湖北武昌省立第一師範學校，並都先後在武漢任小學教員。二哥馮文清，又名力生，一生從事教育工作，為本縣本省知名教育家，曾任省立第四小學校長，參與創辦武昌藝術專科學校，並任校董、校長。抗戰時期回黃梅避難，任縣中心小學校長、縣中學校長等職。戰後，就職於考試院湖北湖南考銓處。後定居武昌，1972 年逝世。弟馮文玉，又名經平，1935 年病逝於漢口第一小學教師任上。

　　1906 年，廢名進縣城大南門內都天廟私塾，從師讀《三字經》、《百家姓》、「四書」等古詩文。封建書塾生活，幾乎與世隔絕，使他感到「烏煙瘴氣」。不久，因患淋巴腺結核病而輟學。一次，隨外祖母、母親和姐姐到五祖寺進香，給他留下了很深的印象。黃梅縣乃「禪宗聖地」，家鄉的佛禪文化，對廢名日後的思想和創作都產生了極其深遠的影響。1908 年，病癒，復入都天廟讀書。1911

年 10 月 10 日，辛亥革命爆發，聽說武昌招募學生軍，想跑去當兵，「立志做一個英雄」。十三歲時，父親要他當學徒，將來經商，自謀生路，他不聽從。父親無奈，只得送他入黃梅縣八角亭（即文昌閣）第一高等小學堂讀書。

1916 年，廢名離開黃梅，來到武昌，考入湖北省立第一師範學校，開始接觸新文學，想把畢生精力放在文學事業上面。五四運動爆發後，他受反帝反封建愛國運動和新文化思潮的影響，經常閱讀《新青年》等進步刊物，接觸科學與民主思想，關心當時的革命和文學運動，有比較強的政治熱情。1921 年 2 月，以名列全班第四的甲等成績，從省立第一師範學校畢業。後任教於武昌模範小學（省立第四小學前身，即今武昌閱馬場小學），業餘時間學習寫作白話詩文。同年，開始與周作人通信。與其二舅之女岳瑞仁結婚。1922 年，考入北京大學預科，並在胡適主編的《努力週報》上發表文學作品。1924 年，正式升入北京大學英國文學系。4 月 9 日，作雜感〈《吶喊》〉，稱魯迅是「一個振臂一呼應者雲集的英雄」。1925 年 10 月，第一本短篇小說集《竹林的故事》作為「文藝叢書之九」由北京新潮社出版，內收小說十四篇。1926 年 6 月 9 日，起筆名為「廢名」。6 月 11 日，讀魯迅〈馬上支日記〉後，在日記中寫道：「倘若他（按：指魯迅）槍斃了，我一定去看護他的屍首而槍斃。」1927 年，奉系軍閥張作霖入京，下令將北京大學、北京師範大學等九所院校合併為「京師大學校」，引起北大師生和社會各界的反對，廢名憤而休學。冬，卜居西山，先住四棵槐樹，不久搬到山北北營，後遷居西郊門頭村正黃旗十四號一戶貧寒人家。以後常在此過冬，夏天則每每因事進住城內。如此長達五年之久，故將其住所取名為「常出屋齋」。這一期間的山居生活經歷，對他創作長篇小

說《莫須有先生傳》影響很大。不久，在西直門外孔德中學教國文，至 1928 年暑期開始而結束。2 月，第二本短篇小說集《桃園》由北京古城書社編譯所印行，內收小說十篇。11 月，北伐軍攻入北平，改京師大學校為國立中華大學，不久更名為國立北平大學，後又恢復為國立北京大學。廢名復學，仍在英國文學系讀書，課外大量閱讀莎士比亞、哈代、契訶夫、塞萬提斯等外國作家的文學作品。1929 年秋，從北大英文系畢業。同年，女兒馮止慈出生。

1930 年，與馮至共同創辦《駱駝草》週刊，並著文抨彈列名於〈中國自由運動大同盟宣言〉的魯迅、郁達夫等人。1931 年 1 月，赴青島暫住。時楊振聲任青島大學校長，廢名擬在青島大學謀得短期教職，以便住到夏天。曾寫信向周作人、俞平伯求助，未果。3 月，返回北平。本月，編成《天馬》詩集，共收詩八十餘首，後散佚。5 月，又輯成詩集《鏡》，收詩四十首，未出版。10 月，第三本短篇小說集《棗》由上海開明書店出版，內收小說八篇。同年 11 月，經周作人推薦，在北大國文系任教，講授「作文（一）（附散文選讀）」、「作文（三）‧新文藝試作（散文、小說、詩）」等課程。1932 年 4 月和 12 月，其長篇小說《橋》和《莫須有先生傳》先後由上海開明書店出版。1934 年 6 月，作〈《周作人散文鈔》序〉。文中高度評價周作人的散文創作、歷史態度和在新文化（文學）運動中的地位，比較魯迅與周作人的「不同之處」，對魯迅頗有微詞。同年，接妻女到北平，住東安門內北河沿甲十號。7 月，作〈知堂先生〉，盛讚周作人。1935 年，魯迅寫了一篇題為〈勢所必至，理有固然〉的短文，嚴厲批評廢名的文學觀。同年，兒子馮思純出生。

1937 年 7 月 7 日，抗戰全面爆發。北大規定副教授以上人員隨校內遷，其他人員，自行安排。廢名是講師，不在內遷人員之列。

因交不起房租，便住在雍和宮的喇嘛廟裏。10 月 26 日，母親辭世。廢名接到噩耗後，於 12 月離開北平。時交通大亂，歷經千辛萬苦回到黃梅。1938 年 8 月，日軍入侵黃梅縣城，遂率妻兒躲避南鄉鄉下。1939 年夏，日軍藉口飛機失事，大規模騷擾黃梅，山區不得安寧，寄居東鄉多雲山姑母家。秋，往北鄉任黃梅縣金家寨第二小學國文和自然教員。先至臘樹窠，後借住在停前鎮龍錫橋邊一戶農舍裏。1940 年 2 月，黃梅縣初級中學復學。廢名改教中學英語，但仍有不少學生從其學國文。不久，隨縣立初中遷往東山五祖寺。1941 年 5 月，加入中國國民黨。1942 年春，得熊十力從重慶所寄《新唯識論》語體本，決定著《阿賴耶識論》。冬，日軍佔領黃梅縣城，炮擊五祖寺，縣立初中暫時解散，全家遷居東山腳下的小山村水磨沖。1943 年春，縣立初中復學，遷南山寺和北山寺。1944 年 4 月，詩集《水邊》（與開元合著，朱英誕編校）由北平新民印書館印行，其中收廢名詩十六首。11 月，北平新民印書館印行其詩論《談新詩》。本書係廢名三十年代在北大中文系開設「現代文藝」課時的講義，共十二章。1945 年春，因校舍不能集中，管教困難，學生賭博，且與中學校長辦學思路衝突，於是辭職，在祖籍地後山鋪馮仕貴祖祠堂辦學館。5 月，詩文集《招隱集》由漢口大楚報社出版，內收詩十五首，文八篇。8 月 15 日，日本宣佈無條件投降。秋，撰成《阿賴耶識論》，原計劃寫二十章或更多，終成十章。

　　1946 年春，返回縣城。為了生計，在縣城與岳家灣之間的雞鳴寺招徒教書。7 月，經俞平伯、楊振聲、朱光潛向校長胡適、文學院院長湯用彤力薦，被北大聘為副教授。9 月，由九江乘船順江至南京，通過國民政府外交次長葉公超之關係，探視關押在老虎橋

監獄的周作人。後因火車不通，遂坐飛機抵北平。連載於《文學雜誌》（朱光潛主編）上的長篇小說《莫須有先生坐飛機以後》，即以其在黃梅近十年的避難生活為藍本而創作。到北平後，開始住袁家騨家，後來被學校安置在沙灘校園內蔡子民先生紀念堂後面的一排平房裏居住，與熊十力、游國恩、陰法魯等人為鄰。復校初，除每週擔任兩小時的「論語選」課外，還開設有大一國文、「孟子選」、「英文文學選讀」等課程。不久，反動派常搜捕進步學生。對此，廢名憤激地說：「這年頭道理也講不通……」

1949 年 1 月 31 日，北平宣告和平解放。北大開學後，廢名仍留任教授。開始潛心學習毛澤東《新民主主義論》、《在延安文藝座談會上的講話》等著作，聲言「相信黨，相信毛主席」。8 月，周作人回到北京，家中生活比較困難。廢名曾在老朋友中為他募捐，並經常去周家。因此，北大中文系開會批判他，說他立場不堅定。1951 年，主動報名，隨北大中文系師生赴江西吉安專區潞田鄉參加土地改革運動，負責第三代表區工作，住在潞田鎮鎮公所。數月後，返北大。不久，向北大中文系黨組織遞交了入黨申請書。

1952 年 9 月，全國高等學校院系調整。廢名和楊振聲、劉禹昌、趙西陸等人調到東北人民大學中文系工作，住在學校附近朝陽胡同二十七號一棟日式洋房裏。11 月，加入中國教育工會東北人民大學委員會互助會。1953 年 8 月，參加中國第一汽車製造廠動工建設。勞動了半個月，右眼突然看不清東西，後被確診為視網膜脫落。手術後，效果不好，右眼幾乎失明，但仍堅持寫文章，編講義，按時上課，從未缺勤。1956 年 7 月，《跟青年談魯迅》由中國青年出版社出版。10 月 19 日，發表〈魯迅先生給我的教育〉，聲稱魯迅給他的教育不是魯迅生前給他的，而是魯迅死後，是中國已

經解放了，並說這是他的「痛苦的經驗」。同年，擔任中文系主任並加入中國作家協會。1957 年 4 月，被推選為長春市文聯副主席。11 月，人民文學出版社出版《廢名小說選》，內收小說三十二篇（章）。1958 年 8 月，東北人民大學更名為吉林大學。1959 年，當選為政協吉林省第二屆委員會常委。1962 年 5 月，當選為吉林省第三屆文聯副主席。夏，周揚到吉林大學視察，親自召見廢名，並要求學校給他配秘書，他拒不接受。1963 年，患膀胱癌。自此，再未上課，在家看書，修改講稿。同年，再次當選為吉林省政協常委。1966 年，癌細胞擴散。1967 年 9 月 4 日，因醫治無效，不幸逝世於長春，終年六十七歲。1994 年清明節，其骨灰盒被安葬在黃梅後山鋪，緊鄰馮仕貴祖祠堂。

　　廢名的一生，以 1949 年為界，可以分為兩個時期。前期以文學創作為主，兼及詩學、佛學研究。其中，1922 年至 1937 年和 1946 年至 1948 年是其創作的兩個重要階段。後期主要從事學術研究，涉及《詩經》、杜甫、魯迅、新民歌、美學、語言學等領域。廢名是一個複雜而獨特的存在，早在 1936 年，劉西渭（李健吾）就說過：「在現存的中國文藝作家裏面……有的是比他通俗的，偉大的，生動的，新穎的而且時髦的，然而很少一位像他更是他自己的。凡他寫出來的，多是他自己的。他真正在創造……」（〈《畫夢錄》——何其芳先生作〉，《咀華集》，文化生活出版社 1936 年版）無論是在文學創作上，還是在學術研究方面，廢名自有其特殊的意義和價值。然而，或許正因為他過於「特殊」，所以生前身後並不被大眾所接納，獨自承受著「光榮的寂寞」（同上）。1996 年，汪曾祺曾斷言：「廢名的價值的被認識，他在中國現代文學史上的地位真正的被肯定，恐怕還得再過二十年。」（〈《廢名小說選集》代序〉，

《中國文化》1996 年第 1 期）但願這並不是一句帶有宿命意味的
讖語！

（原載《廢名年譜》，華中師範大學出版社 2003 年 12 月版，題為〈傳略〉）

廢名的童年記憶

廢名曾在《莫須有先生傳》中借傳主莫須有先生之口說過,「大凡偉大的小說照例又都是作者的自傳」(〈第一章 姓名年齡籍貫〉,《駱駝草》1930 年 5 月 12 日創刊號)。廢名的小說創作,除少數者外,包括《橋》、《莫須有先生傳》、《莫須有先生坐飛機以後》等長篇小說在內的絕大多數作品都帶有鮮明的自傳色彩。其中,不少作品又是直接取材於其童年經驗或以其童年生活經歷為藍本而創作的。

1916 年,快滿十六歲的廢名第一次離開黃梅到省城武昌,進入湖北省立第一師範學校(省立第一師範學校教學檔案中記載他的入學年齡為十八歲,可能是因故虛報的)。此前,廢名在故鄉度過了他的整個兒童期。他自己也說過:「我的兒童世界在故鄉。」(〈黃梅初級中學同學錄序三篇〉,天津《大公報・星期文藝》1946 年 11 月 17 日第 6 期)這一早年的生活經歷是廢名生命中至為重要的一個階段,不僅給他留下了難以磨滅的記憶,而且對其日後的文學創作也產生了極其深遠的影響。

通讀廢名的著述不難看出,在他的童年記憶裏,至少有以下幾個方面的人事對他來說是刻骨銘心、揮之不去的。

其一,阿妹之死。

廢名有兄弟姐妹六人,妹妹阿蓮生於 1912 年 6 月 30 日,天真、活潑、馴良、懂事,但命運對她實在太不公平。出生不久,她差點

成為他人的童養媳；從周歲起便患耳漏，惡臭難聞；後不幸得了癆病，因不受父親重視而未能得到及時醫治，死時年僅七歲。妹妹的早夭使廢名第一次嚐到了失去親人的苦痛，給他的精神創傷是巨大而嚴重的。在相當長的一個時期內，埋在高高山頂上的阿妹不啻是壓在他心頭上的一座「墳」。1923 年，廢名在遠離故鄉的北平，以阿蓮為原型創作了一篇題為〈阿妹〉的短篇小說。小說一開始就寫道：「阿妹的死，到現在已經是四年前的事了，今天忽然又浮上心頭了，排遣不開。」（《竹林的故事》，北新書局 1925 年 10 月版）〈阿妹〉雖為小說，但毋寧說是一篇祭妹文，一篇悼念阿妹、寄託哀思的感人肺腑的至情之作。

其二，病痛折磨。

在〈阿妹〉中，廢名也寫了自己（「我」）的病：「六歲的時候，一病幾乎不起」，「五年的中學光陰，三年半是病，最後的夏秋兩季，完全住在家」（同上）。在同年創作的短篇小說〈病人〉中，廢名較詳細地描述了自己的病狀。小說中寫道：「沒有誰的病比我更久，沒有誰嘗病的味比我更深」，「我的病狀很罕見。起初於頸之右側突然腫起如栗子那樣大小，經過半年，幾乎一年，由硬而軟，終於破皮而流膿；接著左側也一樣腫起，一樣由硬而軟而流膿，然而右側並不因先起而先癒；頸部如此，兩腋又繼續如此。」「我」因病回到家後，「母親解開我的襯衣，我也數給母親，這是先起，那是後發。我從此知道我的患處實在疼痛，我的心極力想陳述我是怎樣的疼痛，我的眼淚也只用來壓過一日中最難抵抗的疼痛」（《努力週報》1923 年 9 月 23 日第 71 期）。廢名所患的是

瘰癧，即淋巴腺結核病。嚴重的病患，對廢名的外貌和心靈都造成了很大的傷害。病癒後，他的頸部和腋下留有許多疤痕，說話時聲音也因之顯得沙啞。在後來的作品中，廢名一再提起自己的病。如在《莫須有先生傳》第四章〈莫須有先生不要提他的名字〉裏，房東太太看到「莫須有先生的可憐的皮骨」時，問他：「哎喲，莫須有先生，你的脖子上怎麼那麼多的傷痕？」莫須有先生答曰：「過去的事情不要提，我也算是九死一生了……我害了幾次重病，其不死者幾希。」（《駱駝草》1930 年 6 月 16 日第 6 期）在《莫須有先生坐飛機以後》第十五章〈五祖寺〉中，莫須有先生說他六七歲時大病一次，「這一病有一年餘的時間，病好了，尚不能好好地走路，幾乎近於殘廢，兩腿不能直立」。還說這場大病給他「留下一個陰影」，「空氣很是黑暗」（《文學雜誌》1948 年 9 月 1 日第 3 卷第 4 期）。

其三，私塾教育。

廢名在黃梅縣城大南門內的都天廟斷斷續續上過近四年的私塾，時間雖然不長，但其感受和記憶卻是非常深刻的。幾十年後，廢名「每每想起他小時候讀書的那個私塾」，屢次稱之為「黑暗的監獄」，簡直是「一座地獄」、「名副其實的地獄」；說他小時所受的教育等於「有期徒刑」，「烏煙瘴氣，把一顆種子被蓋住了」。1947年，他寫了一篇散文〈小時讀書〉，將他「小時候讀《四書》的心理記下來，算得兒童的獄中日記」（南昌《中國新報・新文藝》1947年 5 月 5 日第 29 期）。抗戰時期，他在黃梅鄉間聽到一所私塾傳出學童的誦讀聲，憤怒至極，斥之為「冤聲」；把小孩子所讀的課本，

視為「中國兒童的冤狀」，恨不得「火其書」。在他看來，「舊時代的教育是虐政」，「教育本身是罪行」，而兒童教育是「殘害小孩子的教育」，是「黑暗的極端的例子」。他發誓將來要寫一篇小說，描寫鄉村蒙學的黑暗。但是，自由的種子終究是蓋不住的。教育雖說加害於他，而他自己反能得到心靈的自由，從《四書》的閱讀中獲得一定的樂趣和喜悅，在「坐井觀天」的黑暗世界裏自找一點陽光。也正因為如此，所以廢名在《莫須有先生坐飛機以後》中又說他想起小時候讀書的那個私塾，「簡直憧憬於那個黑暗的監獄了」，如果指定他以那個私塾的一切為題材寫一部小說，他可以寫成一個「奇異的樂園」（〈莫須有先生坐飛機以後·舊時代的教育〉，《文學雜誌》1947 年 11 月 1 日第 2 卷第 6 期）。

其四，遊五祖寺。

五祖寺是黃梅縣兩大名寺之一，是禪宗第五代祖師弘忍於唐永徽五年（西元 654 年）主持建造的，位於距縣城約二十五里的東山，故又名東山寺或東山五祖寺。廢名在六歲以前沒有離家到過五里以外的地方，很小的時候，曾站在城牆上「看見五祖寺的房子，彷彿看畫一樣」，可望不可及。但是，他同五祖寺「簡直是有一種神交的」（〈莫須有先生坐飛機以後·五祖寺〉，《文學雜誌》1948 年 9 月 1 日第 3 卷第 4 期）。有一回，父親因為是地方紳士，五祖寺傳戒被請去觀禮，給他帶回了一個小木魚，他喜歡得不得了，心中萌發了對五祖寺的無限嚮往之情。後來，他兩次到過五祖寺。一次是大病初癒的時候，隨外祖母、母親、姐姐等人到五祖寺燒香，目的是為他求福。但是，因山路車子不能上去，而且自己腿腳不便，所

以只得一個人在山腳下的一天門茶鋪裏等候，五祖寺在他等於是「過門而不入」。但是，這一次的經歷對廢名的影響非常之大，一是使他學得了「忍耐」，二是一天門以上的「夜之神秘」給了他「一個很好的記憶」（〈五祖寺〉，天津《益世報‧文學週刊》1946 年 11 月 16 日第 15 期）。另一次是在高等小學堂讀書的時候，因團體旅行而遊五祖寺，並在山上住了一宿。這一次，廢名終於能夠「遊」五祖寺了，他真是「喜得不亦樂乎」。不過，「這回的遊五祖寺，與那回的繫於一天門，完全是兩件事，各有各的優點了，後者不為前者之補償，都是獨立自由」（〈莫須有先生坐飛機以後‧五祖寺〉，《文學雜誌》1948 年 9 月 1 日第 3 卷第 4 期）。黃梅縣素有「禪宗聖地」之稱，廢名的作品禪味甚濃，與這種特有的地域文化的薰染是有一定因緣的。

其五，女性世界。

廢名的小說有一種「女性美，少女的美」（汪曾祺〈萬壽宮丁丁響──代序〉，《廢名短篇小說集》，馮思純編，湖南文藝出版社 1997 年 1 月版），這種美的生成主要得之於其作品中所描寫的女性形象，而這些描寫對象大多則是廢名童年記憶的復現。同以父親為中心的男性世界相比，廢名更關注以母親為中心的女性世界。在封建宗法制時代，那些處於社會底層的女性對廢名的影響也更深、更大。三十年代，廢名曾在其友人的結婚紀念冊上題有一首小詩：「小橋城外走沙灘，至今猶當畫橋看。最喜高底河過堰，一里半路岳家灣。」這是廢名小時的生活環境，是他的兒童世界，也是構成其眾多作品的一個公共的文學背景。廢名家在縣城，但他常住在離城不

過二里路的外家岳家灣，即《橋》中的史家莊。《橋》中那位慈祥可愛、樂善好施的史家奶奶就是廢名的外婆。在外家，同他玩得最多的是二舅的女兒「芹」（後做了他的妻子）、姨媽的女兒「柚子」，後都成了〈半年〉、〈柚子〉、〈鷦鴣〉、《橋》等作品中主要人物的原型。〈初戀〉中的銀姐，〈我的鄰舍〉中的淑姐，〈去鄉〉中的萍姑娘，〈竹林的故事〉中的三姑娘，〈桃園〉中的阿毛，乃至《橋》中的細竹、狗姐姐、大千、小千，《莫須有先生傳》中的魚大姐等等，也都或多或少地帶有廢名童年經驗的印記。而給予廢名印象最深而且影響特別大的則是他的一位嬸母。嬸母家在小南門外，其臨河的茅草屋是本族的人幫她蓋的。她年輕孀居，有三個兒子，後都在外面流亡死了。她替城內店鋪裏的學徒洗衣，像對待自己的兒子一樣撫愛他們。廢名兄弟幾人非常喜歡嬸母，愛到她家吃飯，幾乎都是靠吃她家的飯長大的。在廢名看來，「嬸母家形式雖孤單，其精神則最熱鬧」。同外家相比，嬸母可謂「貧無立錐之地」，但正是她的貧使得廢名富有。在他的心目中，嬸母簡直不是人而是「神」。當他聽說有一後生利用嬸母的茅草屋開茶鋪且同嬸母相好的「閒話」時，「愈覺得嬸母是神，她神聖不可侵犯」。幾十年後，嬸母的家雖然只剩下一片沙礫，但在廢名的記憶裏卻依然「新鮮如故」（〈散文〉，《華北日報‧文學》1948 年 2 月 22 日第 9 期）。其代表作品〈浣衣母〉，即是根據這位嬸母的部分事蹟而創作的。

1930 年，廢名曾以〈往日記〉為題發表過一組回憶其孩提時代往事的短文。在前記中，他說「我向來以為一個人的兒童生活狀態影響於他的將來非常大」（《華北日報副刊》1930 年 10 月 19 日第 289 號）。廢名所言極是。短暫的童年經歷賦予了廢名豐富而獨特的人生體驗，正是這種豐富而獨特的童年經驗成就了他的文學事

業，成為他創作上用之不竭的動力源。同時，童年經驗作為一種意向性結構或心理定勢，在某種意義上也制導著廢名的個性特徵、生命意識、文化選擇、價值取向、情感基調以及藝術風格。

童年經驗作為創作資源，往往是潛藏於作家的腦海深處的，只有一旦與作家的當下經驗有某種契合時才會被激活，才會被相應地召喚出來。這也就是說，童年經驗進入作家的視野，必須「有偶然機遇的觸發，有相互吻合的或對立的情感心境作為中介」（童慶炳〈作家的童年經驗及其對創作的影響〉，《文學評論》1993 年第 4 期）。廢名常常由於某種偶然機遇的觸發，引起他對童年往事的頻頻回顧。廢名曾說，他是直到自己做大學生時才是真正做小學生，才感到有豐富的兒童世界。他最初讀的外國文學作品是英國女作家喬治·艾略特的小說《弗洛斯河上的磨房》，令他驚喜地感到兒童生活原來都是文學。1926 年 6 月 10 日，他逛北海，到十剎海，過小木橋，便「想起兒時見了橋是怎樣的歡喜。倘若把兒時所歡喜的事物一一追記下來，當是一件有趣的事」（〈忘記了的日記〉，《語絲》1927 年 4 月 23 日第 128 期）。有一天他讀老子《道德經》中「夫代大匠斲，希有不傷其手者矣」句，很有感觸，於是想起小時曾「背著木匠試用他的一把快斧把我的指頭傷了」（〈教訓·代大匠斲必傷其手〉，天津《大公報·星期文藝》1947 年 1 月 18 日第 14 期）。讀俄國作家梭羅古勃的短篇小說〈捉迷藏〉，遂引起「寂寞的共鳴」，「心想我也來寫一篇〈打鑼的故事〉罷」（〈打鑼的故事〉，天津《大公報·星期文藝》1947 年 2 月 2 日第 16 期）。讀《詩經》中〈關雎〉、〈匏有苦葉〉，「每每是回憶故鄉小南門外的情景」（〈散文〉，《華北日報·文學》1948 年 2 月 22 日第 9 期）。再如，收到周作人的一封信，看到信封上有「磚魚」，於是「我不知怎的小時有許多可

記憶的事情，也記得釣魚，最記得族裏一位叔叔釣」，並由釣魚的竿而記得自己曾想在故鄉城外河邊竹林裏偷得一竿竹子的事。在北平看見雨天小孩們趟河、聽到蛙聲，感到有一種「淘氣的空氣」，記起小時偷敲和尚或道士法壇上鑼鼓的情形（〈北平通信〉，《宇宙風》1936 年 6 月 16 日第 19 期）。看到自己的兩個小孩揀柴，想到「我做小孩子時也喜歡揀柴」，「喜歡看女子們在樹林裏掃落葉拿回去做柴燒」（〈樹與柴火〉，北平《平明日報・星期藝文》1946 年 12 月 29 日創刊號）。1945 年，黃梅初級中學第九班學生畢業的時候自辦同學錄，請廢名寫序。開始他不肯寫，因為學生在校賭博，不聽師長教訓。直到有一學生代表向他當面認錯後，他才寫了，並借機把他「做中學生以前的事情檢察一番」，說他小時「不能算是好孩子，也不能算一個用功的學生」，但這個「壞孩子」與現在的他卻沒有關係。可見，「壞事是無根的，如夢幻泡影」（〈黃梅初級中學同學錄序三篇〉，天津《大公報・星期文藝》1946 年 11 月 17 日第 6 期）。廢名就是這樣常因當前所讀之「書」、所遇之「物」、所經之「事」、所見之「景」，所聞之「聲」等中介的作用而不自覺地「想起」、「記得」、「記起」小時的種種生活情景。這種情況，在《莫須有先生坐飛機以後》中表現得尤為突出。莫須有先生（廢名）回到家鄉，時時有一種「故地重遊」、「舊雨重逢」、「朝花夕拾」之感。

　　廢名如此專注其兒童生活，自然與他那種割捨不斷的鄉土情結有著密切的關聯。透過對自己兒童經驗的書寫和對幻美兒童世界的構築，來釋放眷念家園的遊子情懷，在一定程度上彌補其缺失性經驗，在獲得審美體驗的同時，也寄寓著自己的文化理想和審美追求。廢名的同窗好友梁遇春在〈第二度的青春〉中說，像廢名這樣

的人「天生一副懷鄉病者的心境，天天惦念著他精神上的故鄉」，「大好年華都消磨於繾懷一個莫須有之鄉，也從這裏面得到他人所嘗不到的無限樂趣」（《淚與笑》，上海開明書店 1934 年 6 月版）。真可謂是知言和的論。

（原載《名作欣賞》2009 年第 6 期）

廢名的真

一、與熊十力「打架」

有關廢名與熊十力「打架」的傳聞，坊間版本頗多，但大都極盡想像、虛構之能事，離事實相去甚遠，遑論史料鉤沉所講求的一個「真」字。2002 年《萬象》第 9 期載有湯一介先生的一篇題為〈「真人」廢名〉的文章，文中云：

> 大概在 1948 年夏日，他們兩位都住在原沙灘北大校辦松公府的後院，門對門。熊十力寫《新唯識論》批評了佛教，而廢名信仰佛教，兩人常常因此辯論。他們的每次辯論都是聲音越辯越高，前院的人員都可以聽到，有時甚至動手動腳。這日兩人均穿單衣褲，又大辯起來，聲音也是越來越大，可忽然萬籟俱靜，一點聲音都沒有了，前院人感到奇怪，忙去後院看。一看，原來熊馮二人互相卡住對方的脖子，都發不出聲音了。這真是「此時無聲勝有聲」。

此文一出，即招來張際會先生的質疑：「莫非熊馮二先生又打了一架？」（〈莫非熊馮二先生又打了一架？〉，《萬象》2002 年第 11 期）嗣後，湯先生在《萬象》上特作「一點說明」，聲言熊十力與廢名二人「互相卡住對方脖子」一事，是「聽季羨林先生說的」；除「大概在 1948 年夏日」一句外，「其他細節都是親耳聽季先生所說，應不會有誤」（〈一點說明〉，《萬象》2003 年第 1 期）。1998

年，湯先生曾在〈從沙灘到未名湖〉一文中明確說過，熊馮二人互卡脖子是季先生親眼所見（《中華讀書報》1998 年 5 月 13 日）。早在 1990 年，湯先生就對廢名的親侄馮健男先生說過「季羨林先生當年曾見，廢名和熊老仍有『扭打』之事」（見馮健男〈廢名在戰後的北大〉，《新文學史料》1990 年第 1 期）。湯先生所言或許「不會有誤」，但誠如張際會先生所說的：「似乎有演繹的成分。」其實，熊馮二人「扭打」之事源自周作人的〈懷廢名〉。周文是作為廢名的「逸事」來記載的：

> 廢名平常頗佩服其同鄉熊十力翁，常與談論儒道異同等事，等到他著手讀佛書以後，卻與專門學佛的熊翁意見不合，而且多有不滿之意。有余君與熊翁同住在二道橋，曾告訴我說，一日廢名與熊翁論僧肇，大聲爭論，忽而靜止，則二人已扭打在一處，旋見廢名氣哄哄的走出，但至次日，乃見廢名又來，與熊翁在討論別的問題矣。余君云係親見，故當無錯誤。（藥堂〈懷廢名〉，見《談新詩》，北平新民印書館 1944 年版）

〈懷廢名〉寫於 1943 年，而所記乃是 1937 年以前的事，確切地說應當是 1933 年夏日的事，因為熊十力此時正住在北平後門內二道橋二號。抗戰爆發後，廢名避難湖北黃梅。1946 年 9 月返回北大，初住西語系教授袁家驊家，後被學校安置在沙灘校園內蔡子民先生紀念堂後面一排平房裏居住。1947 年春，熊十力由重慶返北大任教，與廢名鄰居，同年秋離開北平。次年 2 月應聘到浙江大學任教。可見，湯文中「大概在 1948 年夏日」，與事實並不相符。據馮健男先生和廢名哲嗣馮思純先生回憶，當時熊十力單身一人住

在北大，雇了一個男傭做飯、洗衣、打掃衛生。他讓廢名父子（馮思純先生時年十二歲）在他那兒搭伙（見馮思純〈為人父，止於慈——紀念父親廢名誕辰 100 周年〉，《新文學史料》2001 年第 4 期）。熊馮二人相聚北大後，「論道之事仍常有，爭論亦常有，有時在房間裏，有時在院子中，爭得面紅耳熱幾乎難免」，但「扭打」之事卻沒有見過（見馮健男〈廢名在戰後的北大〉，《新文學史料》1990 年第 1 期）。四十年代後期，張中行主編佛學月刊《世間解》，因編務上的緣故，曾與熊十力、廢名過從甚密。張中行也沒有看見熊馮二人「動手的武劇」，他在〈廢名〉一文中寫道：

> 四十年代晚期，廢名（馮文炳）也住在紅樓後面，這位先生本來是搞新文學的，後來迷上哲學，尤其是佛學。熊先生是黃岡人，馮是黃梅人，都是湖北佬，如果合唱，就可以成為「二黃」。他們都治佛學，又都相信自己最正確；可是所信不同，於是而有二道橋（熊先生三十年代的一個寓所，在地安門內稍東）互不相下，至於動手的故事。這動手的武劇，我沒有看見；可是有一次聽到他們的爭論。熊先生說自己的意見最對，凡是不同的都是錯誤的。馮先生答：「我的意見正確，是代表佛，你不同意就是反對佛。」真可謂「妙不可醬油。」（《負暄瑣話》，黑龍江人民出版社 1986 年版）

熊馮二人「動手的故事」，是一路傳來的。馮健男先生是聽湯先生說的，湯先生是聽季先生說的，周作人是聽「余君」說的。「余君」雖云親見，但正如季先生一樣，畢竟是孤證，真實與否，甚可疑。既然是「傳說」，在傳的過程中，難免會出現走樣的現象。周文本是說熊馮二人「扭打」，湯文則變成了「卡脖子」。另有人添鹽

加醋，說二人是在桌子底下扭成一團。還有人稱，打架的時候，熊翁正坐在「馬桶」上。苟如此，廢名則未免不講道義，有乘人之危之嫌。「扭打」之事或許僅此一次，後世好事者則妄稱熊馮二人「三天兩頭」打架，意見偶有不合，便拳頭相見，大打出手。

二、佛學論著《阿賴耶識論》

1920 年秋，熊十力經梁漱溟介紹赴南京支那內學院（即金陵刻經處研究部）從歐陽竟無大師學佛。1922 年，熊十力受蔡元培聘請到北京大學哲學系任教，講授唯識學。熊十力開始服膺法相唯識之學，他在北大所講授的主要是世親的唯識論。1923 年，其講義《唯識學概論》由北京大學印行。是年，他忽然對舊學產生了懷疑，頗不自安，於是毀棄前稿，由唯識而反唯識，改造《新唯識論》。1932 年 10 月，其文言文本《新唯識論》由浙江省立圖書館發行。此論甫出，即引起佛學界的震蕩。太虛、周叔迦、印順、王恩洋、呂澂等佛學界人士紛紛著文批駁。乃師歐陽竟無授意劉定權作〈破《新唯識論》〉，熊十力則以〈破「破《新唯識論》」〉予以回應。

熊十力曾屢勸還是英文系學生的廢名學佛。但不久，熊十力自己卻背棄師說，由佛歸儒。一日，他倆同遊北海，廢名問熊翁：「為什麼反唯識呢？他的錯處在哪裡呢？」熊翁答曰：「他講什麼種子。」（見廢名《阿賴耶識論》，遼寧教育出版社 2000 年版）當時，廢名因為沒有學佛，所以「種子」於他完全是一個陌生的概念。但是，熊翁的答話則如同一粒種子深深地埋藏在他的心裏。1930 年以後，廢名系統地閱讀了《涅槃經》、《智度論》、《中論》等佛書，始信有佛、有三世，並對熊十力的學說多有不滿之意。

　　抗戰期間，蟄居黃梅的廢名觀鄉人播種、收穫等農事，乃悟得種子義。1941 年元旦，他寫了一篇〈說種子〉，抄了三份，一份寄北平的周作人，一份寄重慶的熊十力，一份寄施南辦農場的朋友（一曰程鶴西）。三方面都有回信，但都令廢名失望。在廢名看來，熊十力因為反對唯識種子義而著《新唯識論》，他不懂佛教，於佛教無心得。「『說種子』一文等於寫了一封信，報告自己的心得，給熊翁一個反省，佛教的種子義正是佛教之為佛教。」（廢名〈莫須有先生坐飛機以後‧莫須有先生動手著論〉，《文學雜誌》1948 年 11 月第 3 卷第 6 期）1942 年春，熊十力從重慶寄來《新唯識論》語體文本（上中兩卷，1942 年正月以北碚勉仁書院哲學組名義出版），廢名讀罷，大不以熊翁為然，於是動了著書之念，並將其書名題曰《阿賴耶識論》。

　　廢名著《阿賴耶識論》，據他講，一是由其「友軍」儒家挑撥起來的。他認為：「儒家辟佛是很可笑的，他自己是差之毫釐，乃笑人謬以千里。」在他看來，儒佛兩家實在是最好的朋友。「究其極儒佛應是一致，所謂殊途而同歸」，「由儒家的天理去讀佛書，則佛書處處有著落，其為佛是大乘。因為天理便是性善，而佛書都是說業空，業空正是性善了」。他之所以要講阿賴耶識，乃是教儒者以窮理，「使他們未圓滿的地方可以圓滿」。這是一個遠因。還有一個近因，或者說直接原因，就是由熊十力挑撥起來的：

　　　黃岡熊十力先生著有《新唯識論》，遠迢迢的寄一份我，我將它看完之後，大吃一驚，熊先生何以著此無用之書？我看了《新唯識論》誠不能不講阿賴耶識。熊先生不懂阿賴耶識而著《新唯識論》，故我要講阿賴耶識。所以我的論題又

微有譏諷於《新唯識論》之不倫不類。熊先生著作已經流傳人間，是大錯已成，我們之間已經是有公而無私。(《阿賴耶識論》，遼寧教育出版社 2000 年版)

《阿賴耶識論》是廢名 1942 年冬在五祖寺山麓水磨沖一個農家宿牛的屋子裏開始動筆的，1945 年秋脫稿於其祖籍地後山鋪馮仕貴祖祠堂。1947 年，中國哲學會曾有意付梓，稿費已給了廢名，但事不果行。對於《阿賴耶識論》這部著作，廢名十分滿意，也非常自信。1946 年，廢名欲回北大任教，俞平伯向胡適寫了一封舉薦信，信中特別提到《阿賴耶識論》，稱這是廢名「生平最得意」之作(〈俞平伯致胡適（1946 年 7 月 31 日)〉，見《胡適來往書信選》下冊，中華書局 1979 年版)。1947 年，廢名對僧人一盲說過：「我的話如果說錯了，可以讓你們割掉舌頭。」一盲曾將廢名過訪的情形以〈佛教漫譚（四)〉為題發表在《世間解》月刊第 4 期上，文中有「或許另有意見向他提出」之語。廢名對此表示抗議：「我將《阿賴耶識論》手抄本請他看，只是讓他先睹為快，並沒有想他另有意見向我提出的意思。這並不是我不謙虛，乃是我本不應該客氣的。」(廢名〈「佛教有宗說因果」書後〉，《世間解》1947 年第 5 期) 1949 年，卞之琳從國外歸來，廢名把《阿賴耶識論》給他看，「津津樂道，自以為正合馬克思主義真諦」(卞之琳〈《馮文炳選集》序〉，《新文學史料》1984 年第 2 期)。

有人未曾得見《阿賴耶識論》而妄斷這部佛學論著「未傳」或「已亡失」。事實上，《阿賴耶識論》並未失傳。劫後猶存之手抄本，不僅完好無損，而且居然有兩個。一個存於馮思純先生處。書稿除序（1947 年 3 月 13 日作於北平）外，共有十章，即〈第一章　述作

論之故〉、〈第二章　論妄想〉、〈第三章　有是事說是事〉、〈第四章　向世人說唯心〉、〈第五章　「致知在格物」〉、〈第六章　說理智〉、〈第七章　破生的觀念〉、〈第八章　種子義〉、〈第九章　阿賴耶識〉和〈第十章　真如〉。該稿本之序及正文第三章、第九章的一部分係廢名的手跡，其餘則是馮健男先生抄寫的。此稿本一冊一函，裝幀精美，由俞平伯題簽，上署「丁亥夏日　俞平伯題」。2000 年，遼寧教育出版社出版的《阿賴耶識論》係止庵據馮思純先生提供之稿本編訂的。書中附錄部分收有廢名的〈孟子的性善和程子的格物〉、〈佛教有宗說因果〉、〈「佛教有宗說因果」書後〉、〈體與用〉等四篇與《阿賴耶識論》有關的哲學論文。可惜漏收了一篇很有分量的文章，即〈說人欲與天理並說儒家道家治國之道〉（《哲學評論》1947 年 8 月 11 日第 10 卷第 6 期，署名馮文炳）。另一個手抄本，藏於北京大學圖書館。其內容與前一稿本完全相同，是廢名和他在黃梅的學生潘鎮芳合抄的，也由俞平伯題簽，上署「丁亥五月　槐居士平」。

三、廢名之死

　　2000 年，《中華讀書報》發表了一篇署名文章，其中有一段文字是這樣述及廢名的：

　　　　1987 年秋，有一老和尚去北京海淀的萬國公墓，向李大釗墓敬獻花圈，並低聲吟哦〈感懷〉絕句一首：「臨陣逃脫解甲兵，只留清白不留名；砍頭燒戒一樣痛，有臉敢來見先生。」這位老和尚就是廢名，「五四」進步的熱血青年，活躍的新派作家，曾師從李大釗、錢玄同，後趨向消沉，幾

度出家為僧。晚年去拜謁李大釗墓，明顯帶有自責懺悔之意。（李思孝〈師生情和文人趣──讀《周作人俞平伯往來書札影真》〉，《中華讀書報》2000 年 3 月 29 日）

有資料顯示，廢名與錢玄同確曾有過交往，但他並未師從錢玄同，更未「師從李大釗」，倒是師從過周作人。1927 年，奉系軍閥張作霖入京，下令將北京大學、北京師範大學等九所學校合併為「京師大學校」。廢名憤而休學，「卜居」西山。廢名信仰佛教，喜歡「靜坐」，還一度剃成和尚頭。抗日戰爭爆發後，作為講師的他按規定不能隨校內遷，因交不起房租，曾寄居在雍和宮的喇嘛廟裏。廢名始終不曾「出家為僧」，又何來「幾度」！關鍵的問題是：廢名 1967 年就已殂謝，怎會於「1987 年秋」「拜謁李大釗墓」、「敬獻花圈」、吟哦絕句、「自責懺悔」呢？看來，作者大概是張冠李戴了。由此亦可知，廢名之「名」廢得也實在太久矣！

關於廢名離世的具體日期，目前存在著兩種說法。一是西曆 10 月 7 日。這種說法最早見於陳振國編的《馮文炳研究資料》（海峽文藝出版社 1991 年版）。據說，陳先生曾到吉林大學調查過，「10 月 7 日」就是學校提供的日期。其實，這種說法是錯誤的。廢名逝世的準確日期應該是西曆 9 月 4 日，這是馮思純先生在 1996 年所作的《〈廢名短篇小說集〉編後記》（湖南文藝出版社 1997 年版）中提供的。我查過萬年曆，發現農曆 1967 年 9 月 4 日，恰是西曆 1967 年的 10 月 7 日。我為此特地向馮思純先生求教過，他回信說，吉林大學提供的日期不對，並稱自己已於 2003 年當面把此事向陳振國先生講清楚了。可是，迄今還有不少人在其文章或著作中仍然採用錯誤的說法。

關於廢名的死因，樂黛雲先生在〈難忘廢名先生〉中是這樣說的：

> ……後來，到塵埃落定之時，才聽說廢名先生在長春一直很不快樂，沒有朋友，被人遺忘。還曾聽有人說文化大革命中，革命小將把他關在一間小屋裏，查不出任何問題，遂扔下不管；病弱的老伴不知道他身在何處，無法送飯，廢名先生是活活餓死的！我聽了不勝噓唏，倒也不以為奇，在那種時候，這種事情司空見慣！後來又聽說此說不真，廢名先生是有病，得不到應有的醫療條件而孤獨地離開了人世！（《萬象》2003年第1期）

「文化大革命」發生以後，身患重病的廢名多多少少受到了一定的衝擊。他雖然未被拉出去「批鬥」，但家門上還是貼上了「反動學術權威」的標語；革命小將為了買紙筆寫大字報，常向他要錢；住房也被人強行佔用了幾間。但是，說廢名是被革命小將「關在一間屋子裏」，「無人送飯」，「活活餓死的」，此說的確「不真」。廢名的的確確是因病而死的。1963年，廢名在吉林省政協開會，突然小便帶血，後被確診為膀胱癌。1965年，又檢查出胃癌。1966年5月病復發，到北京反帝醫院（協和醫院）做第三次手術，但癌細胞已擴散，女兒馮止慈只得送他回長春。1967年8月底，馮思純先生接到母親「父親病危速歸」的電報，遂乘飛機由北京趕回家。「到家後，見父親躺在床上，面黃肌瘦，腹部已化膿、潰爛。」（見馮思純〈為人父，止於慈──紀念父親廢名誕辰100周年〉，《新文學史料》2001年第4期）一周後，即9月4日，廢名就離開了人世。

2004 年 4 月間，馮思純先生寫信告訴我，父親廢名逝世後，其骨灰盒一直存放在母親身邊。1971 年，他將母親由長春接到濟南。1978 年，母親帶上父親的骨灰盒去姐姐那裏打算長住，不幸的是母親當年在天津也溘然長逝了。因此，父母親的骨灰盒就一直放在姐姐家裏。1994 年清明節前，他去天津將父母親的骨灰盒取走，經北京、武漢、九江帶到黃梅安葬，完成了父親的遺願，也了卻了自己的心願。「為什麼要談這個問題，是因為友人的回憶文章說是從吉林取回，因此想澄清此事。」

（原載《書屋》2005 年第 9 期）

廢名與魯迅

　　同五四時期的廣大文學青年一樣，廢名也曾是中國新文學的先驅——魯迅的忠實追慕者。一開始，廢名並不知道魯迅是何方神聖，更不清楚魯迅與周作人到底是什麼關係。直到 1922 年考入北京大學之前，他才從一位由北京返黃梅的同鄉那裏探聽到魯迅與周作人本是同胞兄弟（見陳建軍〈廢名致周作人信二十四封〉，《魯迅研究月刊》2008 年第 10 期）。進入北京大學之後，廢名常常往來於周氏兄弟之間。魯迅日記中提及廢名來訪或來信共有七次，其中 1925 年四次，1926 年兩次，1929 年一次。廢名曾在一篇文章中談到他初見魯迅時的感受：

> 　　魯迅先生我也只見過兩回面，在今年三四月間。第一次令我非常的愉快，悔我來得遲。第二次我覺得我所說的話完全與我心裏的意思不相稱，有點苦悶，一出門，就對自己說，我們還是不見的見罷，——這是真的，我所見的魯迅先生，同我在未見以前，單從文章上印出來的，能夠說有區別嗎？（〈從牙齒念到鬍鬚〉，《京報副刊》1925 年 12 月 14 日第 357 號）

　　客觀地說，1920 年代，雖然廢名與魯迅交往不算密切，但他對魯迅卻是滿懷敬意並主動親近的，對魯迅孤獨、寂寞、苦悶的處境和心境總是表示較為深切的理解和同情的。

　　1923 年，魯迅的第一本短篇小說集《吶喊》出版，廢名預約買了一本。他一遍一遍地讀過之後，寫了一篇題為〈《吶喊》〉（《晨

報副鐫》1924 年 4 月 13 日第 81 號）的讀後感。在這篇短文中，廢名說：「在文藝上，凡是本著悲哀或同情而來表現卑者賤者的作品，我都喜歡。」他尤為欣賞〈孔乙己〉，認為〈故鄉〉、〈藥〉除「意思固然更有意思」之外，「不能使人感覺什麼」，但讀完〈孔乙己〉「總有一種陰暗而沉重的感覺」。〈白光〉、〈端午節〉、〈阿 Q 正傳〉與〈孔乙己〉都運用了「刺笑的筆鋒」，陳士成、方玄綽、阿 Q「使人笑得個不亦樂乎」，而「獨有孔乙己我不能笑」。廢名將這種相同表現手段所產生的不同閱讀效果，歸因於「著者執筆時的心情」的不同。在這篇文章中，廢名還以多重否定的句式肯定魯迅是「一個振臂一呼應者雲集的英雄」。此文後被臺靜農編入《關於魯迅及其著作》。這是最早的一部魯迅研究資料集，經魯迅親自審閱並校訂後，1926 年 7 月由未名社印行。同年 8 月，魯迅在離開北京赴廈門大學執教前致信韋素園，特囑其派人送兩本樣書給廢名。魯迅在信中說：「《關於魯迅……》須送馮文炳君二本（內有他的文字），希即令人送去。但他的住址，我不大記得清楚，大概是北大東齋，否則，是西齋也。」（〈260808 致韋素園〉，《魯迅全集》第 11 卷，人民文學出版社 2005 年 11 月版，第 538 頁）

　　1925 年 10 月 26 日，段祺瑞執政府邀請英、美、法等十二國全權代表在北京召開「關稅特別會議」，企圖與各帝國主義國家訂立新的關稅協定。北京各學校、各團體五萬餘人當日在天安門示威遊行，主張關稅自主，遭到大批武裝警察阻止和毆打。次日，《社會日報》、《輿論報》等報紙散佈所謂「周樹人（北大教員）齒受傷，脫門牙二」的流言，企圖煽動教育當局對免職後的魯迅進一步加以迫害。魯迅為此作〈從鬍鬚說到牙齒〉（《語絲》週刊 1935 年 11 月 9 日第 52 期），對流言進行了有力的駁斥。同年 12 月，廢名發表

了一篇雜感，題為〈從牙齒念到鬍鬚〉。文章開頭，廢名即表達了對魯迅的想念之情：「魯迅先生，你知道嗎？在這裏有一個人時常念你！」還說：「魯迅先生近來時常講些『不乾淨』的話，我們看見的當然是他的乾淨的心，（這自然是依照藹理斯的意見，不過我自己另外有一點，就是，我們的不乾淨也是乾淨，否則世上到哪裡去找乾淨呢？）甚至於看見他的苦悶。」廢名戲仿魯迅的文題，意在表明他是站在魯迅一邊的。

　　1924 年至 1926 年，魯迅與陳源之間主要圍繞「女師大風潮」、「五卅運動」和「三一八慘案」展開了一場「閒話」之爭。作為「語絲派」的成員之一，廢名也捲入了這場著名的論戰。他極力為魯迅辯護，在立場上始終和魯迅保持一致。在〈忙裏寫幾句話〉（《京報副刊》1925 年 12 月 15 日第 358 號）中，廢名針對陳源在《現代評論》第 3 卷第 53 期上的〈閒話〉中所論及的「文藝的標準」問題提出質疑。1926 年 2 月 2 日，廢名發表了一封致陳源的公開信〈給陳通伯先生的信〉（《京報副刊》1926 年 2 月 2 日第 403 號；1926 年 1 月 31 日作）。陳源曾聲言魯迅的文章「看過了就放進了應該去的地方」，這種「一時快意」的話令廢名「很傷心」。廢名認為，魯迅的文章具有「生活之實感」的特點。又說：「魯迅先生一年來的雜感，我以為都能夠表現他自己，是他『輾轉而生活於風沙中的瘢痕』。『刀筆吏』云乎哉！因為我同情於他的苦悶，他拿先生來做罵的對象，有時我竟忘記了先生也是我所熟識的人了。」陳源曾將《吶喊》列為「新文學運動以來的十部著作」之一，說他不能因為「不尊敬魯迅先生的人格，就不說他的小說好」（〈閒話〉，《現代評論》1926 年 4 月 17 日第 71 期）。廢名在〈就算是搭題〉（《京報副刊》1924 年 4 月 21 日第 474 號）中不同意陳源的這種將作家

的人格與其創作割裂開來的看法，認為它簡直不像話。相反，廢名十分認同魯迅的觀點：「世間本沒有別的言說，能比詩人以語言文字畫出自己的心和夢，更為明白曉暢的了。」（魯迅〈桃色的雲序〉，《桃色的雲》，北京新潮社 1923 年 7 月版）「三一八慘案」發生以後，廢名接連寫了〈狗記者〉（《京報副刊》1926 年 3 月 21 日第 445號）、〈俄款與國立九校〉（《京報副刊》1926 年 3 月 24 日第 448 號）等數篇短論，抨擊段祺瑞執政府。這些文章猶如一篇篇戰鬥檄文，言辭激越，充滿血氣，有很強的政治傾向性。這在廢名後來的文章中是無法見到的。

1926 年 6 月 11 日，廢名在一則日記中寫道：

> 昨天讀了《語絲》八十七期魯迅的〈馬上支日記〉，實在覺得他笑得苦。尤其使得我苦而痛的，我日來所寫的都是太平天下的故事，而他玩笑似的赤著腳在這荊棘道上踏。又莫明其妙的這樣想：倘若他槍斃了，我一定去看護他的屍首而槍斃。於是乎想到他那裏去玩玩，又怕他在睡覺，我去耽誤他，轉念到八道灣。（〈忘記了的日記〉，《語絲》週刊 1927年 4 月 23 日第 128 期）

這則日記如同一個寓言，頗有點象徵意味。它預示著廢名日後漸漸與魯迅疏離，最終倒向了周作人。1927 年 5 月，廢名發表了一篇文藝隨筆〈說夢〉（《語絲》週刊 1927 年 5 月 28 日第 133 期），否定了自己先前對《吶喊》的看法。他說：「我曾經為了《吶喊》寫了一篇小文，現在我幾乎害怕想到這篇小文，因為他是那樣的不確實。我曾經以為他是怎樣的確實呵，以自己的夢去說人家的夢。」1929 年 5 月 13 日，魯迅由上海至北平看望母親。5 月 19 日上午，

廢名特地到阜成門內西三條胡同拜訪魯迅。自此以後，他與魯迅就再無通信，也沒有見面了。

　　1930 年 5 月 12 日，廢名與馮至編輯的《駱駝草》週刊創刊。出自廢名手筆的〈發刊詞〉聲明「不談國事」，「不為無益之事」，「文藝方面，思想方面，或而至於講閒話，玩古董，都是料不到的，笑罵由你笑罵，好文章我自為之，不好亦不知其醜，如斯而已，如斯而已」。〈發刊詞〉表現出一種強烈的自由主義的獨立傾向。在創刊號上，廢名化名「丁武」發表〈「中國自由運動大同盟宣言」〉。文中指責「由郁達夫魯迅領銜的〈中國自由運動大同盟宣言〉，真是不圖諸位之喪心病狂一至於此」，抨彈魯迅等人發表此宣言的目的是為了引起當局對自己的重視，以便「文士立功」。同年 5 月 24 日，魯迅在寫給章廷謙的信中說：「《駱駝草》已見過，丁武當係丙文無疑，但那一篇短評實在晦澀不過。以全體而論，也沒有《語絲》開始時候那麼活潑。」（〈300524 致章廷謙〉，《魯迅全集》第 12 卷，人民文學出版社 2005 年 11 月版，第 235 頁。丙文，即指廢名本名馮文炳）在 5 月 26 日的《駱駝草》第 3 期上，廢名又以「丁武」的筆名發表了一篇〈閒話〉，對自己何以要寫那篇短評專門作了解釋：「不愉快的事，因了郁達夫魯迅的〈中國自由運動大同盟宣言〉，我刺了魯迅先生一下。郁達夫先生呢，那實在是一個陪襯，……」文中，廢名還說：

　　　　我時常同朋友們談，魯迅的《吶喊》同《彷徨》我們是應該愛惜的，因為我認為這兩個短篇小說集是足以代表辛亥革命這個時代的，只可惜著者現在聽了我的這句話恐怕不高興了，倘若如此，我以為錯在他，不在我。我以為我的這句

評語是衷心的讚美，不勝恭敬，著者也是足以受之而無愧了，可慰他多年的寂寞與沉默。與著者同時代的，除了這兩本書沒有別的書。辛亥革命打的旗幟是民族革命，而民族革命的內容是「排滿興漢」，一般革命家都以為只要這四個字辦到了革命便已成功了，《吶喊》《彷徨》的著者，那時正是青年，已經感到了事情不是這樣簡單罷，孤獨罷，感到了中國民族的悲哀的人是孤獨的。沉默了好幾年，等到「革命成功」之後，給了這兩本小說我們看，而我們看見的是那時的一位先覺了。我們生得稍遲，等到年紀稍大了一點，對於那時的一位孤獨者，是如何的有一種親切之感！

早在 1928 年，錢杏邨就高喊過「阿 Q 的時代已經死去了」（〈死去了的阿 Q 時代〉，《太陽月刊》1928 年 3 月 1 日 3 月號）。廢名認為，「那自然是最好不過的」。在他看來，《吶喊》、《彷徨》「足以代表辛亥革命這個時代」。他稱魯迅為「那時的一位先覺」、「那時的一位孤獨者」。他所感到親切者是初期的魯迅，而對 1930 年前後魯迅參加中國自由運動大同盟、中國左翼作家聯盟等一系列舉動，則大為不解。他質問魯迅：「『前驅』與『落伍』如果都成了群眾給你的一個『楮冠』，一則要戴，一則不樂意，那你的生命跑到哪裡去了？」並譏諷魯迅是「丟掉了自己」，即喪失了自我。從某種意義上講，廢名對魯迅態度的變化，正是緣於魯迅本身所發生的轉變。

1932 年 4 月 6 日，在為《周作人散文鈔》所寫的序文中，廢名將周作人與魯迅作了比較。他說：

說到這裏我不禁想起魯迅先生，魯迅先生與豈明先生重要的不同之點，我以為也正就在一個歷史的態度。魯迅先生

有他的明智，但還是感情的成分多，有時還流於意氣，好比他曾極端的痛恨「東方文明」，甚至於叫人不要讀中國書，即此一點已不免是中國人的脾氣，他未曾整個的去觀察文明，他對於西方的希臘似鮮有所得，同時對於中國古代思想家也缺乏理解，其與提倡東方文化者固同為理想派。豈明先生講歐洲文明必溯到希臘去，對於希伯來，日本，印度，中國的儒家與老莊，都能以藝術的態度去理解它，其融會貫通之處見於文章，明智的讀者諒必多所會心。魯迅先生因為感情的成分多，所以在攻擊禮教方面寫了〈狂人日記〉，近於詩人的抒情；豈明先生的提倡淨觀，結果自然的歸入於社會人類學的探討而沉默。魯迅先生的小說差不多都是目及辛亥革命因而對於民族深有所感，乾脆的說他是不相信群眾的，結果卻好像與群眾為一夥，我有一位朋友曾經說道，「魯迅他本來是一個 cynic，結果何以歸入多數黨呢？」這句戲言，卻很耐人尋思。這個原因我以為就是感情最能障蔽真理。而誠實又唯有知識。（〈《周作人散文鈔》序〉，見《廢名文集》，止庵編，東方出版社 2000 年 2 月版，第 120 頁）

　　廢名對周作人推崇備至，高度評價其歷史態度、散文創作和在新文化（文學）運動中的地位及作用，對魯迅則頗有微詞。他說魯迅感情的成分多，有時還流於意氣；又借其朋友之口說魯迅是一個憤世嫉俗者（cynic），表面上好像與群眾為一夥，實際上是不相信群眾的。魯迅看過廢名的序文，沒有公開予以回應，但私下裏所講的話還是比較刻毒的。1932 年 11 月 20 日，他在寫給許廣

平的信中說：「周啟明頗昏，不知外事，廢名是他薦為大學講師的，所以無怪攻擊我，狗能不為其主人吠乎？」(〈321120 致許廣平〉，《魯迅全集》第 12 卷，人民文學出版社 2005 年 11 月版，第 341 頁) 在魯迅眼裏，廢名只不過是周作人身邊的一隻狗，是幫周作人來攻擊他的。魯迅的懷疑是有根據的，廢名的觀點與周作人對其兄的態度和看法是一脈相承的。但是平心而論，廢名對魯迅的評價固然有失偏頗，魯迅對廢名的反擊則多少有點「流於意氣」之嫌。

1934 年 7 月，廢名曾應林語堂之約請寫過一篇〈知堂先生〉，刊在《人間世》第 13 期「今人志」欄目上。在這篇文章裏，廢名盛讚周作人是一個「唯物論者」、「躬行君子」。針對這篇文章，積怨已久的魯迅寫過一篇不足四百字的短文，即〈勢所必至，理有固然〉。因其不長，不妨全文過錄於下：

> 有時發表一些顧影自憐的吞吞吐吐文章的廢名先生，這回在《人間世》上宣傳他的文學觀了：文學不是宣傳。這是我們已經聽得耳膜起繭了的議論。誰用文字說「文學不是宣傳」的，也就是宣傳——這也是我們已經聽得耳膜起繭了的議論。
>
> 寫文章自以為對於社會毫無影響，正如稱「廢名」而自以為真的廢了名字一樣。「廢名」就是名。要於社會毫無影響，必須連任何文字也不立，要真的廢名，必須連「廢名」這筆名也不署。
>
> 假如文字真的毫無什麼力，那文人真是廢物一枚，寄生蟲一條了。他的文學觀，就是廢物或寄生蟲的文學觀。

　　但文人又不願意做這樣的文人，於是他只好說現在已經下掉了文人的招牌。然而，招牌一下，文學觀也就沒有了根據，失去了靠山。

　　但文人又不願意沒有靠山，於是他只好說要「棄文就武」了。這可分明的顯出了主張「為文學而文學」者後來一定要走的道路來——事實如此，前例也如此。正確的文學觀是不騙人的，凡所指摘，自有他們自己來證明。

這篇短文，魯迅生前未曾發表，魯迅逝世後，由許廣平將其收入 1941 年 11 月 19 日《奔流新集》第 1 輯〈直入〉。《魯迅全集》把此文收在《集外集拾遺補編》中。關於這篇短文，有兩個問題須得澄清一下。一是「棄文就武」之義。魯迅在最後一個自然段中寫道：「但文人又不願意沒有靠山，於是他只好說要『棄文從武』了。」「棄文就武」事出無名氏《九世同居》第一折：「吾聞詩禮傳家，此子棄文就武，亦各言其志也，曾讀《武經七書》麼？」這裏的「棄文從武」有二義。其一，是影射廢名丟掉本名「文炳」而改用筆名「丁武」。其二，是明指周作人的〈棄文就武〉。周作人〈棄文就武〉一文，發表於《獨立評論》1935 年 1 月 6 日第 134 期。周作人說：「我自己有過一個時候想弄文學，不但喜讀而且喜談，差不多開了一間稻香村的文學小鋪，一混幾年，不惑之年倏焉已至，忽然覺得不懂文學，趕快下匾歇業，預備棄文就武。」周作人所說的「棄文就武」，是指不談「文事」而談「武備」。他之所以欲「棄文」而「就武」，實乃迫於當時文壇狀況和政治情形所發的牢騷話和無奈之語。魯迅寫那篇短文之前，顯然是見過周作人的這篇文章的。魯迅由廢名而論及其「靠山」周作人，批評周作人「為文學而文學」的

文學觀。他以「棄文就武」一語，將廢名、周作人二人連起來批駁，收到了一石二鳥、一箭雙雕的效果。這正是魯迅文章的高明之處。二是魯迅不願意發表的原因。據許廣平回憶，〈勢所必至，理有固然〉剛寫完，她便跟魯迅提及一件小事，無意中引起了魯迅的煩惱，以致魯迅把它團掉了。事後，她乘魯迅不注意，揀起紙團兒，重新謄抄了一遍，準備投寄報刊發表。但徵詢魯迅意見時，得到的答覆卻是「不要不要」（見許廣平〈「勢所必至，理由固然」附記〉，《奔流新集》1941 年 11 月 19 日第 1 輯〈直入〉）。不少人認為，魯迅之所以不同意發表，是因為不願意把他跟周作人文學觀的分歧公諸報端。這只是聊備一說，其真正的原因恐不在此。魯迅在第一自然段中寫道：「有時發表一些顧影自憐的吞吞吐吐文章的廢名先生，這回在《人間世》上宣傳他的文學觀了：文學不是宣傳。」魯迅以為「一切文藝固是宣傳，而一切宣傳卻並非全是文藝」（〈文藝與革命〉，《語絲》週刊 1928 年 4 月 16 日第 4 卷第 16 期），因此他自然不滿「文學不是宣傳」的文學觀。問題在於，廢名壓根兒就沒有講過「文學不是宣傳」的話。他在〈知堂先生〉最末一段，說他看了一部名叫《城市之夜》的國產影片，「悟到古今一切的藝術，無論高能的低能的，總而言之都是道德的，因此也就是宣傳的，……當下我很有點悶窒，大有呼吸新鮮空氣之必要。這個新鮮空氣，大約就是科學的。……後來同知堂先生閒談，……他不完全的說道：『科學其實也很道德。』我聽了這句話，自己的心事都丟開了」。廢名既沒有明確主張文學藝術是宣傳的，也沒有否定文學藝術是宣傳的。魯迅大概也看清了這一點，故團掉了稿子，且不同意發表。

1935 年 6 月，魯迅選編的《中國新文學大系・小說二集》由上海良友圖書公司出版。內中所收廢名小說有〈浣衣母〉、〈竹林的故事〉和〈河上柳〉三篇，均選自廢名的第一本短篇小說集《竹林的故事》。在導言中，魯迅說：「後來以『廢名』出名的馮文炳，也是在《淺草》中略見一斑的作者，但並未顯出他的特長來。在 1925 年出版的《竹林的故事》裏，才見以沖淡為衣，而如著者所說，仍能『從他們當中理出我的哀愁』的作品。可惜的是大約作者過於珍惜他有限的『哀愁』，不久就更加不欲像先前一般的閃露，於是從率直的讀者看來，就只見其有意低徊，顧影自憐之態了。」（《中國新文學大系・小說二集・導言》，上海良友圖書公司 1935 年 6 月版）如同廢名對前期的魯迅別有會心一樣，魯迅對廢名的早期小說也給予了相當中肯的評價，而對廢名後來創作上的轉變則不以為然。有意思的是，廢名遺憾於魯迅喪失了自我，魯迅則可惜廢名只剩下「有意低徊」、「顧影自憐」的自我。

魯迅逝世以後，廢名沒有寫什麼回憶或批評的文字。但是，1936 年至 1937 年，他在北京大學講授新詩時，專設一章講了「魯迅的新詩」（見馮文炳《談新詩》，新民印書館 1944 年 11 月版，第 103～107 頁）。在這一章裏，他只選講了魯迅早期的一首詩，即 1919 年所寫的〈他〉。廢名認為這首詩是魯迅新詩中寫得最美的一首，「即是說這一首〈他〉最是詩」，「好像是新詩裏的魏晉古風」。他說：「這首詩對於我的印象頗深，我總由這一首〈他〉聯想到魯迅先生〈寫在《墳》後面〉那篇文章，那時魯迅先生在廈門，我在《語絲》上讀到他這篇《墳》的後記，不禁想著他很是一位詩人。這個詩人的感情，自然還是以較早的這一首新詩表現得最美好，我們讀之也最感蒼涼。」他又把這首詩與〈藥〉裏關於墳的描寫聯繫起來，說〈他〉

是「墳的象徵」，即是魯迅所說的「埋掉自己」。廢名對魯迅的〈他〉不僅「印象頗深」，而且感受亦深，見解獨到。

四十年代後期，廢名以其避難黃梅期間的生活經歷創作了一部實錄性長篇小說《莫須有先生坐飛機以後》（僅十九章，未完）。在第八章〈上回的事情沒有講完〉（《文學雜誌》1948 年 1 月第 2 卷第 8 期）中，廢名記述了他在黃梅縣立小學教國語時的一件事。有一次，他出有〈楓樹〉一題，讓學生作文。閱卷時，他發現有很多作文都是以「我家門前有兩株樹，一株是楓樹，還有一株也是楓樹」開頭。他懷疑學生抄襲，於是去翻書，結果發現魯迅的〈秋夜〉裏有這樣的句子：「我的後院裏有兩株樹，一株是棗樹，還有一株，也是棗樹。」廢名「得了這個發現時，一則以喜，一則以怒。喜者看了魯迅的文章如聞其語，如見其人。莫須有先生（即廢名）很懷念他，雖然他到後來流弊甚大」。廢名對學生講：「魯迅其實是很孤獨的，可惜在於愛名譽，也便是要人恭維了，本來也很可同情的，但你們不該模仿他了。他寫〈秋夜〉時是很寂寞的，〈秋夜〉是一篇散文，他寫散文是很隨便的，……他說他的院子裏有兩株樹，再要說這兩株樹是什麼樹，一株是棗樹，再想那一株也是棗樹，如是他便寫作文章了。本是心理的過程，而結果成為句子的不平庸，也便是他的人不平庸。」可見，這個時期的廢名仍然沒有改變對魯迅的態度和看法。他雖然很懷念魯迅，同情魯迅，說魯迅「不平庸」，但還是認為魯迅「愛名譽」、「要人恭維」、「到後來流弊甚大」。

廢名對魯迅的態度發生根本性的轉變，則是 1949 年以後的事。正如廢名自己所說的：「魯迅先生給我的教育，不是魯迅先生生前給我的，是魯迅先生死後，是中國已經解放了，有一天我感得我受了魯迅先生很大的教育。說起來是我的痛苦的經驗，我想告訴

愛好文學的青年同志們。」（〈魯迅先生給我的教育〉，《吉林日報》1956 年 10 月 19 日）廢名在字裏行間流露出深深的懺悔之情，同時也為自己終於能夠「回歸」魯迅、「懂得」魯迅感到無比的欣喜。

（原載《黃岡師範學院學報》2009 年第 1 期，與孔杰合撰）

抗戰期間廢名任金家寨小學
教員行狀綜說

一、學校的恢復與廢名的受聘

1939 年秋，黃梅縣政府恢復小學，廢名被聘為黃梅縣立第二小學，即金家寨小學教員。

「1939 年秋，早已由縣城遷至北鄉山中的國民黨政府辦起了小學，設在瓏坪山的為中心小學，馮力生任校長；設在大河鋪的為第一小學，廖秩道任校長；設在停前鄉金家寨的為第二小學，余節綏任校長。廢名是時遷家至金家寨，任二小教師，教國語和自然。」（馮健男〈憶叔父馮文炳〉，《黃梅文史資料・廢名先生》2002 年 10 月第 11 輯，第 42 頁）

這是廢名自 1937 年失去北京大學教職以後得到的第一份工作，「他自二十六年大學講師沒有得到聘書以來，對領薪水這習慣已經忘記了，他簡直忘記了一個人還可以從社會得到報酬，他一向只等於比丘行乞，他一向也不要報酬。」（〈莫須有先生坐飛機以後・卜居〉，《文學雜誌》1947 年 8 月 1 日第 2 卷第 3 期）

戰時小學因陋就簡。

「莫須有先生赴小學履新，是挈了眷屬一同去，只是把老太爺一個人留在老家罷了。……學校對於教員眷屬是沒有打算居住的地方的。」（〈莫須有先生坐飛機以後・莫須有先生買白糖〉，《文學雜誌》1947 年 6 月 1 日第 2 卷第 1 期）

　　豈止教員的眷屬沒有居住的地方，學校的辦學用房都是租用民房的。整個抗戰期間黃梅縣中以及數所小學都沒有校舍，辦學都是租借民房或廟舍。

　　但辦學經費應該是及時到位了的。話說廢名挈了眷屬前往金家寨履新，正式上班之前尚待把一家居家生活諸事安置妥帖。其要者，租房、安家、賣米開伙。然而這時節的廢名根本就沒有錢。還是太太更有世俗生活經驗或說生活智慧──「在許多事情上面莫須有先生太太比莫須有先生有見識得多，莫須有先生太太知道事有兩端，而莫須有先生總是屈指計算，即執一。即如此回領薪水之事，莫須有先生以為須滿月之後，莫須有先生太太說未必然，『你去問一問，或者就可以領。』其時是上學第二日，莫須有先生果然一問便領著了」（〈莫須有先生坐飛機以後・卜居〉，《文學雜誌》1947年8月1日第2卷第3期）。

　　「小學教員月薪二十元」（〈莫須有先生坐飛機以後・停前看會〉，《文學雜誌》1948年2月1日第2卷第9期），二十元是個什麼概念？1939年，湖北省全省省級財政收入為一千八百九十九萬八千零八十八元（見《湖北省志・財政》，湖北省地方誌編纂委員會編，湖北人民出版社1995年版，第104頁），財政支出為兩千零一十二萬九千八百八十四元，其中教育文化支出為兩百四十萬五千八百五十一元（同上，第110頁）。月薪二十元，即年收入二百四十元，約為一省教育文化支出的十萬分之一。謹提供這些數位以備讀者作為想像時的參考。當然，還是以貨幣的購買力情況加以說明更直觀些。不過，這裏不僅有時代之隔，而且這是戰亂時代，商品的價格體系完全不能比附常態，因此有必要闡釋。《莫須有先生坐飛機以後》中有若干涉及貨幣購買力的記述，姑且就

此略加考辨。首先有必要就商品類型加以分別，因為不同商品，價格懸殊。

（一）奢侈品：糖、食鹽、布匹等。

「這時鄉間已經有三樣東西貴，一是鹽，二是布，三是白糖。鄉下人買鹽的心理同太平時買肉的心理差不多，換一句話說，現在吃鹽等於從前吃肉了。（往後則吃鹽等於吃藥，至少有半數的人民非萬不得已時不買鹽了。）白糖已是藥品，普通的病人也不能買。買白糖做禮品，等於買洋參燕窩做禮品了。布都是小販往安徽青草墦販買棉布回來賣，若洋布如竹布則是戰前之物的剩餘，奇貨可居了所以價五角一尺。」（〈莫須有先生坐飛機以後·停前看會〉，《文學雜誌》1948 年 2 月 1 日第 2 卷第 9 期）具體而言：

「此時食鹽一元二斤半。」（〈莫須有先生坐飛機以後·無題〉，《文學雜誌》1947 年 7 月 1 日第 2 卷第 9 期）

竹布五角一尺。棉布要便宜些。

白糖一元十二兩，相當於五分之三市斤，「黃梅縣一斤實際是二十兩」（〈莫須有先生坐飛機以後·停前看會〉，《文學雜誌》1948 年 2 月 1 日第 2 卷第 9 期）。

（二）農家自產之物：糧食，柴草。

這些都是低賤之物。「因為糧賤，故柴亦賤。」（同上）「民國二十七年二十八年，（糧食）特別價賤，去年（指二十七年）稻銅子十二枚一斤，今年十八枚一斤，黃梅一斤實際是二十兩。」糧食

不但價賤，而且沒有出賣的機會（詳參〈莫須有先生坐飛機以後‧卜居〉，《文學雜誌》1947 年 8 月 1 日第 2 卷第 3 期）。

還有一樣土產，石灰，十斤一毛錢。廢名安家時要打灶，打灶需石灰，鄉人告訴他「買十斤石灰」。廢名請他幫忙買：

「你拿錢去買石灰，——大約要幾毛錢呢？」

「一毛錢夠了。」（同上）

也就是說石灰一毛錢十斤。而且出賣變現不易，如同糧食。兵荒馬亂時代，有多少人買石灰呢！

農家自產之物價低難售，奢侈品，實亦日用品，價昂，奇貨可居，加大了剪刀差，增加了貨幣的實質購買力。

（三）工價：縣城裏的工匠是三毛錢一個工，鄉間二角五一個工（同上）。

也就是說一個鄉間砌匠，一個月可掙七元五角錢。當然這是理論上的，事實上即使在旺季，他們出勤也不會超過二十天，而且不是及時支付，即月實際收入不高於五元。鄉間工匠有多種，如砌匠、木匠、篾匠、彈匠、鐵匠、銅匠、漆匠、屠夫佬，其中以砌匠工價為最高。一般而言，手藝人工價是當地平均收入的三倍左右。筆者是同一地區人，以上所述之依據為本人生活經驗。又，金家寨小學去縣城有三十五里之遙，廢名挈了眷屬履新，這趟旅行雇了一個車夫和一輛手推車，他為此支付了二元的車資，此條資料應列為特例。

戰時黃梅一般民眾的生活「因為糧賤，故柴亦賤。總之食不成問題，衣成問題。」而「小學教員月薪二十元，家庭有這個收入，則衣亦可不成問題，可以漸漸添製了。」（〈莫須有先生坐飛機以後‧

停前看會〉,《文學雜誌》1948 年 2 月 1 日第 2 卷第 9 期)領到第一個月的月薪,廢名解決了一大堆問題:「領了薪水,首先打發人進城看老爺子,兼以還那三元債務,其次是付穀價了。」(〈莫須有先生坐飛機以後・卜居〉,《文學雜誌》1947 年 8 月 1 日第 2 卷第 3 期)領了第二個月月薪則全家人置衣,一人一身新,其中太太的衣料還是洋布,即奢侈品。

廢名提前到來是為了租房安家,其他教員也似乎更早就到了,在尋找房子的時候,他遇到一向他兜售牛肉的婦人,婦人很饒舌,見了廢名,稱:「我一猜就猜著了,我知道是教員先生,金家寨來了好些教員先生。」(同上)廢名一來便可領到薪水,這透露了一個資訊,即學校的籌辦工作已基本就緒。這當然是山中政府作的工作,至於廢名,只需要他前來執教就行了。

二、金家寨小學

金家寨是第二小學的所在地。金家寨是一個小村莊,向姓,地處丘陵,筆者 2001 年曾訪問過。2001 年時仍未通公路,村莊環繞水田,地勢開敞。小學校舍是民房、祠堂,共三十餘間,乃政府所征借。金家寨小學是一所完全小學,即包括初等小學和高等小學階段共六個年級。戰前黃梅的小學建制分為高等小學和初等小學(國民學校)。民國時代初小實行免費教育。戰前全縣縣立高等小學共兩所,一所設於縣城,為八角亭小學堂,主要招收縣城及黃梅上鄉的學生,有學生二百餘人;一所設於孔瓏文昌閣,為黃梅縣第二高等小學堂,主要招收下半縣的學生。此外還有私立小學,如福音堂私立小學。

　　黃梅的前小學階段的教育形式主要是私塾，而不是初等小學（國民小學）。1920 年代的八角亭高等小學堂：「全校學生共三個班約一百五十人，年齡從十二三歲到二十以上，名為小學，實際上高於高中學齡。」（《黃梅文史資料》第 5 輯，第 19 頁）這種情況一直沒有大的改觀。廢名任教時的學生：「名義上莫須有先生教的是小學五六年級國語，應是十二歲以下的兒童，實際上則是十五歲至二十歲的大孩子不等。這些大孩子大半是在私塾裏讀過《四書》同《詩經》《左傳》的，同時讀《論說文範》，買《魯迅文選》、《冰心文選》。」（〈莫須有先生坐飛機以後‧莫須有先生教國語〉，《文學雜誌》1947 年 12 月 1 日第 2 卷第 7 期）這些學生顯然來自私塾，而不是初等小學堂。初等小學，亦即各鄉的國民學校，極不發達，無足輕重，或者說私塾教育替代了初小教育，成為真正意義上的前小學教育。《莫須有先生坐飛機以後》中也說到了這一事實：「以前小學不發達，小孩不住學校。」（〈莫須有先生坐飛機以後‧上回的事情沒有說完〉，《文學雜誌》1948 年 1 月 1 日第 2 卷第 8 期）鄉村私塾的存在與流行，乃至於分流了縣立小學的生源，造成生源短缺，尤其是低年級學生數嚴重缺乏的情況。初小是免費教育而仍至於如此發展不足，值得探討。

　　學校初辦，存在招生不足數的問題。「金家寨小學雖已成立，各年級學生，尤其是低年級，尚不足法定人數遠矣。」（〈莫須有先生坐飛機以後‧舊時代的教育〉，《文學雜誌》1947 年 11 月 1 日第 2 卷第 6 期）

　　金家寨小學開學之前，一天廢名闖了一所鄉間私塾，引起塾師極大的恐慌：「此人（指廢名）如報告鄉公所，報告縣政府，要將這私塾撤銷，則私塾除關門，學童除星散，塾師除失業，此外還有

什麼辦法？聽說金家寨小學雖已成立，各年級學生，尤其是低年級，尚不足法定人數遠矣，不將私塾關門，又從哪里去拉人來足數？」（同上）

這裏有一則資料談到學生人數——「我讀金家寨小學六年級，同班同學二十多人，女生只有二人，我是其中之一。馮二先生教我們國語和自然。先生平日，生活簡樸，性格沉靜……」（[臺北]李英俊〈懷念我的恩師馮文炳先生〉，見《黃梅文史資料・廢名先生》第 11 輯，第 120 頁）

上文提到，在當地百姓眼中，「金家寨來了好些教員先生」。二小教師的確切數字尚待考證，根據《莫須有先生坐飛機以後》，我們已知的為至少有四人，廢名、余校長、汪姓主任，以及一位不具名的教員。我推算，全校教員為六人，校工一至二人。

余校長真實姓名叫余旌或余節綏，時年四十七歲，這是與廢名抗戰時期任黃梅中小學教員時有較多交往人之一。余節綏畢業於武昌高等師範，1920 年代即在八角亭學堂任教——可能更早，戰前曾任黃梅縣教育局長、縣中學教務主任和教員。他畢生從事中小學教育工作，是黃梅現代教育史上資深教育家，在地方史志上可見其面影。廢名在二小任教員時，余為二小校長，半年後縣中復學，廢名調中學任英語教員，余亦調中學，任訓教指導。《莫須有先生坐飛機以後》中有多處文字敘及余校長其人及廢名同他的交往。廢名在金家寨小學做教員的半年是其避難黃梅期間最充實有作為從而精神上最愉快的一段時光，這與余節綏任校長有直接的關係。下文將論及。

廢名是將《莫須有先生坐飛機以後》當作歷史來寫的，其中嵌入了多篇類似「列傳」體的人物志傳。其中便有一篇汪姓主任的「列傳」，文字不長，又較集中，故援引於此：

　　同事中還有一位先生，也想在此留個紀念。這是教務主任汪先生，其人有讀書人風度，平常不大言語，不輕易同人來往，但不拘謹，而幽默。有一回，黃梅縣長來校視察，戰時當縣長的多是軍人，加之這個縣長為人能幹，具戡亂之才，且有戡亂之事實，威風甚大，先聲奪人，人人都怕他，余校長不知為什麼也怕他了，其實大可不必，而校長怕他，因之做先生的有點為難，縣太爺來了，學校空氣緊張起來了，余校長首先自己發現學校門口牆壁上沒有「國民公約」！這是臨時補寫不了的！看了余校長倉皇失措，汪主任也確是發愁道：「這是一個大缺憾，但不是污點，沒有關係。」

　　因為他的話空氣忽然緩和了，大家都笑了，莫須有先生實在佩服他的態度，漸近自然。

　　余校長等於發命令，又等於哀求，覺得要做到故有命令之意，恐怕做不到故有哀求之情，他請諸位先生出大門——大約要走五十步與百步之間迎接縣長。其時同人集於校政廳，將服從命令，將步出校政廳，校長前行，已出門檻，而汪主任忽然站在門檻以內，向校長道：

　　「教員等在這裏迎接縣長可以。」

　　汪先生的話是來得那麼自然，其態度是那麼和平，而其面上的幽默之情近乎憂愁之色，使得余校長忽然自告奮勇，他一個人趕快迎接縣長去了，留了諸位先生在校政廳。從此懦弱的余校長也同「久在樊籠裏復得返自然」一樣，他同縣太爺談話旁若無人。莫須有先生真真的佩服汪先生君子愛人以德，不陷朋友於不義。以後每逢跨這校政廳的門檻便感激汪先生，——感激者何？莫須有先生的傳記裏頭沒有迎接

縣長之污點也。兩年之後，莫須有先生曾訪汪先生於其家，至今尚記得那個招待的殷勤，汪先生亦曾在莫須有先生之家小酌，那時縣中學恢復，余校長同莫須有先生都換到中學當教員去了，汪先生則由主任遷為金家寨小學校長。不久汪校長受了地方強豪的壓迫，縣政府將其校長撤職，因而憂憤成疾，戰亂之中死於家，生後蕭條，孤兒寡婦無以為生，莫須有先生每一念及為之悽然。（〈莫須有先生坐飛機以後・莫須有先生教國語〉，《文學雜誌》1947 年 12 月 1 日第 2 卷第 7 期）

廢名基本上是個酷評家，其自述「因為在金家寨當了半年小學教員的緣故，對於黃梅縣的縣長，黃梅縣的紳士，黃梅縣的讀書人，都有所接觸，正是孔子說的斗筲之人何足算也」（〈莫須有先生坐飛機以後・五祖寺〉，《文學雜誌》1948 年 9 月 1 日第 3 卷第 4 期）。而汪主任「其人有讀書人風度，平常不大言語，不輕易同人來往，但不拘謹，而幽默」，並且影響於別人（余校長）能使懦夫勇。這是很高的評價。

不具名的教員《莫須有先生坐飛機以後》中稱作「某教員」。廢名因服兵役事為當地一叫三記的馮姓居民給鄉公所寫了一封信，「此信莫須有先生曾給了金家寨小學某教員看，某教員笑曰：『你這封信等於給他們做一張陳情表。』」他告訴廢名說：「凡屬兵役事情，都是消滅於無形，……消滅於無形者，當鄉長的，當保長的，都有其弱點，大都是關於貪污之事，不能公開的，但本鄉的紳士們都知道。彼此莫逆於心，我不告發你，但你決不能抽我姓的兵，至少不能抽我家的兵。（紳士們不納捐稅猶其事之小者。）另外鄉長

保長至有關係者不抽，或運動或收買鄉長保長者不抽，或引本鄉以外的強有力者為援而不抽，這都是消滅於無形……」。並且說：以先生的道德聲望，給鄉公所去這封信，對於先生個人大約沒有什麼妨害，若就我說則這封信我不敢寫，何以呢？這一來你不自承為戶長了嗎？倘若三記逃了呢？鄉公所便找你要人了。(〈莫須有先生坐飛機以後‧關於徵兵〉，《文學雜誌》1948 年 3 月 1 日第 2 卷第 10 期)

這是一個明哲保身的小知識份子。

推算金家寨小學教員共六人，教職工約八人的依據如下：

（一）當時的縣立學校，教職員數一般十人左右。

1904 年黃梅縣高等小學堂創辦時招生二個班，九十人，教員六人，職員三人。1912 年黃梅縣中創辦，二個班，八十名學生，教職員十一人。1920 年至 1923 年時期的高小，全校學生約一百五十人，教員共九人。比較金家寨小學，上列不同時期學校，年級、班數為少，但國文、算術、歷史、地理、格致（動植物學）、英文、修身、圖畫、音樂、體操、手工，等等，課目齊全，各有教員專兼任，金家寨小學年級班級更多，但國文算術之外的副課，一者不如和平時代那麼齊全，二者皆為擔任主課的教員兼任，因此教員數不會因為年級班級多而多出。

戰前一所學校的如此教員規模，是當時基本情況的真實反映。

金家寨小學復學半年之後，即 1940 年 2 月，縣中復學。1941 年春，縣中共四個班，二百四十一名學生，教職工十四人。1943 年縣中遷至南北山寺辦學，全校五個班，學生二百三十二人，教職工仍為十四人。要說明的是，抗戰時期黃梅縣中的招生規模

——三個年級共計二百三四十人，這已經是超常發展了，這其中的原因我另有文論及，但教職工數則沒有什麼顯著變化。

長期以來縣立學校教職員數一般十人左右。初建的金家寨小學教職員數稍低於這個數或接近於這個數，應是合理的推斷。

（二）全縣縣中、高小層次的教員總數約為三十人。

山中政府重辦中心小學、第一小學、第二小學三校，三十之數為三校原有同層次教員之和。半年之後，縣中復學。復學後的縣中，辦學規模較戰前為擴大，年輕一輩如馮健男、石沐淘等被聘為中學教員。馮健男、石沐淘畢業於湖北聯中之高中。他們之被聘，蓋由於原同層次的教員之匱乏。

戰前黃梅有縣中一所，高小二所，三校教員三十人上下。戰爭爆發後，到 1931 年山中政府辦起小學，在一年的時間裏，黃梅沒有學校。恢復辦學之後，原先的部分從教人員流失。如原縣中國語教員程道衡逃往江西其女婿家避難，到縣中復學返回任教。縣中數學教員廖居仁回老家，在位於淪陷區的廖圩種田，縣中復學，返校任教。胡簋逃向恩施，到省立一女師任教。這幾個人都是黃梅縣教育史上的知名教育家，其生平行狀可見於地方史志。因戰爭爆發學校停辦而流失的教員則不只這幾個人。除此之外，還有部分原先的從教人員沒有得到新的聘請的，這相當於被裁減了。

有流失的、有裁減的，同時也有新增的。中心小學校長馮力生，廢名的長兄，1910 年代畢業於省一師，長期在武漢從事教育工作，是湖北知名的教育家，武漢會戰前離開武漢回家鄉躲避戰亂，山中政府開辦學校時被聘為中心小學校長，後任湖北聯中鄂

東高中教師、黃梅縣政府教育科長、縣中校長。廖秩道，第一小學校長，原是黃梅縣資深教育家，1932 年黃梅縣中停辦十七年後復辦時任校長，1935 年去了武漢，武漢會戰爆發，重回黃梅，被聘為第一小學校長。另一更知名教師便是廢名，原為北大教員，新文學家，因戰爭回到家鄉避難，1939 年秋被聘為黃梅縣第二小學教員。再便是鄂東高中畢業暫時無法升學而回鄉安置就業的馮健男等。

（三）由任課情況可推定二小教師約為六人。

二小共六個年級，也應為六個班級，因為各年級學生還沒有達到法定人數，因此不可能有一個年級兩個班乃至多個班的情況。主課國語、數學有專任教員，副課如歷史、地理、自然等則沒有專任教員，而由專任教員兼任。以廢名為例，他擔任五六年級國語，同時兼任一門副課自然。廢名一人而任兩個年級國語，則六個年級有三個國語教員，數學教員亦為此數，其他副課由他們兼任，故總計為六個教員。

三、廢名的教學

廢名教五六年級國語，另帶一門副課自然。

「莫須有先生專任的功課是五六年級國語。照學校習慣，一門主課，是不夠一個教師應教的鐘點數目的，故於主課之外任一門或兩門輔科。」校方原安排廢名的輔科為歷史地理，廢名沒有接受，他自己挑了自然。戰爭在方方面面打下了烙印。教科書又稱教本，

教本教本教學之本。然而教科書缺乏。「此時，民國二十八年，教科書也沒有得買。」（〈莫須有先生坐飛機以後・莫須有先生教國語〉，《文學雜誌》1947 年 12 月 1 日第 2 卷第 7 期）這裏說的教科書指國語教科書。國語是主課，主課都沒有教科書，其他輔科的情況更可推想。

廢名採取的辦法是搜集戰前的教科書。他把小學國語從一年級到六年級的統統搜集齊全了，甚至包括中學國語教科書。這些教科書都是戰前編的，教育部審定的，各書局的都有。他原打算以這些教科書來教他的國語，但通過對教材進行研究，他覺得這些教科書是屬於都會上的小學生用的，對於鄉村的小學生，如金家寨的大孩子，則不適宜。這些教科書的內容，低年級的是阿狗阿貓的識字課，到了高年級則是瓦特哥倫布了。識字對在私塾讀過《四書》、《詩經》、《左傳》等的「大」小學生而言已不成問題，而瓦特哥倫布則對於他們又十分隔膜，因此說不合適。

「莫須有先生教金家寨的大孩子到底拿什麼教呢？他教『人之初』，教『子曰學而』，教『關關雎鳩』。」（同上）權衡比較研究的結果，廢名仍然確定採用傳統儒家經典作教本。但廢名決不是舊式塾師，他是依據「因材施教」原則，運用「舊瓶裝新酒」的辦法來實施他的教學改革。

廢名的國語教學的革命意義有如下幾點：

一是觀念上的啟蒙。觀念的啟蒙是從「破」開始的，不悱不啟。廢名的第一堂課「首先是一場考試，教學生翻譯《論語》一章」：

「子曰：孰謂微生高直？或乞醯焉，乞諸其鄰而與之。」

題目一佈置下去，便有私塾出身的大孩子提出質疑：「先生，你寫這個給我們看做什麼呢？這是《上論》上面的，我們都讀過。」

「這樣做（翻譯成白話），為什麼呢？有什麼用處呢？」然而他們的考試成績卻都很糟，以至於廢名沒有給分數。這在廢名的意料之中。他公佈了答案：「昨天的試題應該這樣做：孔子說道：『誰說微生高直呢？有人向他討一點醋，他自己家裏沒有，卻要向他的鄰家討了來給人家。』」這引起更大的質疑，班上一個頂小的學生都不以為然了：「先生，孔子的話就是這個意思嗎？這不就是我們做菜要用醬油醋的醋嗎？」廢名回答，是的。

這次考試意在「去魅」。告訴這些讀過經典而不能出來的學生，「孔子的書上都是我們平常過日子的話」，「你們在私塾裏所讀的《論語》正是孔子同他的學生們平常說的話做的事同我同你們在學校裏說的話做的事一樣」（同上）。在這些昏亂的腦筋裏射進了一縷現代理性的光芒。

第二，將現代知識體系嫁接到傳統的知識文本上。例如，他教學生，「子曰學而」不是一個完整的句子，「人之初」也不是一個句子。「人之初性本善」才是一句話。學生們原來對於這些語料精熟，經過恰到好處的點撥，他們迅速懂得了什麼叫做句子。

時至三四十年代的黃梅鄉村社會，在教育文化上仍然彌漫著濃厚的傳統宗法文明的色彩。廢名的這第一堂啟蒙課便在當地社會激起軒然大波，他們質疑：「孔子的書上難道真個講醬油嗎？」這樣講不是誤人子弟嗎？「關於關關雎鳩不能算一句的消息傳佈出去之後，社會上簡直以為不得了，連一位不愛說話的秀才也堅決地表示反對了，他說『關關雎鳩不能算一句書，什麼算一句書呢？世上沒有這樣不說理的事情！我不怕人！你去說，關關雎鳩是一句書！』秀才的話是向他的侄兒說的，他的侄兒在金家寨上學。」（同上）

在半年的教學中，廢名所做的事就是教會學生懂得做文章就是知道寫什麼和怎麼寫。這便是寫自己的識見，用自己的話寫，並且講究文法。傳統的做法，寫文章是代聖人立言，以聖人的是非為是非，而不是說自己的話；用典籍上的方式說話，說出的都是一篇腔調，而不是用自己的方式說話。廢名教學生摒棄了這一套。這便是他在金家寨小學所播的「一點種子」。他自詡是一個「好小學教師」（同上），「在教學上真有效果」，「黃梅中學二十九年恢復開學時——作文題是〈國難與教育〉，投考者以金家寨小學學生成績最好。」（〈莫須有先生坐飛機以後·莫須有先生教英語〉，《文學雜誌》1948年10月1日第3卷第5期）

廢名做了一個學期的小學國語教員，1940 年春，黃梅縣初級中學復學，廢名被聘為縣中教員，教英語。

廢名在金家寨小學做國語教員的這半年，對於他是一個十分重要的時期。一部《莫須有先生坐飛機以後》便是從他履新小學教員之任寫起。全書十九章，敘述金家寨的生活——家居、鄉村生活、教書等，占十四章，為全書篇幅的五分之四，而敘寫其五年中學教員生活的內容僅為三章。廢名自稱：「莫須有先生在金家寨小學做半年教師，精神很覺愉快，現在的小學教育比從前私塾進步，也便是現在的兒童比從前的兒童幸福，而且金家寨小學的余校長也確算開明分子，莫須有先生有意見貢獻給他，他無有不採納的了，一切事在簡陋之中而不失為文明的徵象，重精神而不重形式，正是中國的模範小學了，所以莫須有先生對於他的小學教員生活很有一點珍惜。」（同上）

（原載《抗戰時期廢名論》，華中師範大學出版社 2008 年 3 月版）

抗戰期間廢名任黃梅縣中教員行狀綜說

一、受聘

1940 年春，黃梅縣中復學，縣中址金家寨，原第二小學另遷，廢名做了半年小學國語教員後，被聘為中學教員。

廢名自述：「二十九年春季，黃梅初級中學恢復開學，因為缺乏教英語的，莫須有先生乃由小學教員改為中學教員，教英語功課。起初就以金家寨為中學校址，原來的金家寨小學遷到停前周家祠堂去。」(〈莫須有先生坐飛機以後·五祖寺〉，《文學雜誌》1948 年 9 月 1 日第 3 卷第 4 期)

1940 年 3 月 19 日，廢名被聘為縣中教員的委任文件今存，示下：

> 黃梅縣政府訓令
>
> 令縣立中學校長熊惕非
> 查第二小學教員馮文炳業委為該學教員。合行令仰，知照。此令。
>
> 　　　　　　　　　　　　　　　縣長陳宗猷

縣中「開辦初一、初二、初三各一個班，學生一百六十八人，開學不久，學校遵命改為『湖北省聯合中學鄂東分校黃梅分部』。分部設正、副主任，正主任由當時縣長陳宗猷擔任，副主任由原校

長熊惕非擔任，負責主持學校工作。」（《黃梅文史資料》第 5 輯》，第 9 頁）

與廢名同時受聘的教職員共十三人（包括廢名），具體名單如下：

> 熊惕非，男，四十三歲，湖北黃梅人，國立北京法政大學畢業，曾任黃梅縣立中學訓育主任及校長等職，聯中鄂東中學分校黃梅分部副主任，擔任史、地學科教學，周學時八時。
>
> 余旌，男，四十八歲，湖北黃梅人，武昌高等師範畢業，曾任黃梅縣教育局長及縣中教務主任等職，聯中鄂東中學分校黃梅分部訓教指導，擔任算學學科教學，周學時十三時。
>
> 程道衡，男，四十六歲，湖北黃梅人，湖北私立法政專門學校畢業，曾任黃梅縣立中學教導主任等職，聯中鄂東中學分校黃梅分部副訓教指導，擔任國文、公民學科教學，周學時十五時。
>
> 馮文炳，男，四十二歲，湖北黃梅人，國立北京大學畢業，曾任北大講師，聯中鄂東中學分校黃梅分部教員，擔任英語學科教學，周學時十四時。
>
> 廖居仁，男，三十八歲，湖北黃梅人，日本東京高等工業學校畢業，曾任黃梅縣立中學教員，聯中鄂東中學分校黃梅分部教員，擔任算學學科教學，周學時十四時。
>
> 周海濤，男，六十二歲，湖北黃梅人，漢黃德道師範畢業，曾任漢口德華中學教員，聯中鄂東中學分校黃梅分部教員，擔任國文學科教學，周學時十二時。

鄧國棟，男，四十七歲，湖北黃梅人，兩湖優級師範畢業，曾任黃梅縣立中學教員，聯中鄂東中學分校黃梅分部教員，擔任理、化學科教學，周學時十四時。

柳東權，男，三十四歲，湖北黃梅人，私立武昌藝專畢業，曾任武昌第二小學美術教員，聯中鄂東中學分校黃梅分部教員，擔任圖畫、音樂、勞作學科教學，周學時十六時。

陳養吾，男，四十一歲，湖北黃梅人，上海體專肄業，曾任黃梅縣立中學教員，聯中鄂東中學分校黃梅分部教員，擔任童子軍、體育學科教學，周學時十六時。

石循則，女，三十七歲，湖北黃梅人，湖北女子師範畢業，曾任黃梅縣立第一小學教員，聯中鄂東中學分校黃梅分部女生指導。

洪書喬，四十八歲，男，湖北黃梅人，聯中鄂東中學分校黃梅分部書記。

趙康，二十七歲，男，湖北黃梅人，聯中鄂東中學分校黃梅分部書記。

熊子陽，三十二歲，男，湖北黃梅人，聯中鄂東中學分校黃梅分部事務員。

（據〈湖北省立聯合中學鄂東中學分校黃梅分部二十九年度第二學期職教員一覽表〉，原件藏黃梅縣檔案館）

廢名在二小時月薪二十元，聘為縣中教員，月薪四十元。1939年至1940年，這一段錢還沒怎麼貶值。同事中，熊六十元，余五十元，石循則以下為職員，月薪二十六元。其他專任教員皆四十元。1943年廢名月薪已有一百八十元，然而此時物價已高得駭人。

　　該學期為第二學期，一年級按黃梅叫法稱為七班（黃梅縣中創辦於 1912 年，1915 年停辦，中斷十七年後，1932 年恢復，本屆習稱一班，以後歷屆次第為二班、三班，至 1938 年縣中遣散、停辦），本次春季入學學生學上學期課程。1940 年秋季學期又招錄一次初一新生，稱八班。八班原招八十多人，開學不久，一批共二十三人的來自淪陷區（黃梅小池地區）的學生跟隨他們的老師徐安石前來要求就讀，並以試讀生名義編入初一。這一屆初一學生達到一百一十三人，後來編為兩個班。自本屆起，黃梅縣中招錄女生，本次錄取女生十九人（參見《黃梅文史資料》第 5 輯，第 177 頁）。

　　1940 年 8 月 28 日，湖北省聯合中學鄂東分校黃梅分部兼主任陳宗猷、副主任長熊惕非聘任廢名為專任教員，聘期一年。自這次起，縣中聘任教職員一年一聘，在 8 月間進行。每年 6 月學校造表報送該年度教職員名單，8 月學校發出下年度任職聘書。此後幾年，每年 8 月間廢名都收到聘書，而名字亦列在 6 月上報的教職員名單中，直到 1945 年春因故離開縣中。

　　《莫須有先生坐飛機以後》說：「莫須有先生在鄉間頗得人和，便是黃梅縣的幾屆縣長也知道敬賢了，常常特意來看看莫須有先生，令莫須有先生很是感激。」（〈莫須有先生坐飛機以後‧莫須有先生教英語〉，《文學雜誌》1948 年 10 月 1 日第 3 卷第 5 期）廢名作為前北大教員，頗為政府所倚重。1941 年春招生考試，縣長陳宗猷由於不滿前一次招考國文作文題──〈國難與教育〉，以為這是考校長的題目，因此親自點名要教英文的教員廢名命作文題。暑期擴充班次招考，招生委員會再次請廢名出國文題（同上）。

二、教學

　　廢名是專任英文教員，每週十多小時課程，其他教員皆兼幾門課程。廢名則沒有兼課，因為他的教學時數已很多了。縣中的學生學習英文的熱情特高，高到連廢名自己看到學生朝讀時讀英文的盛況油然而生自責、憂鬱乃至反感，他檢討自己是「在這裏誤人子弟」（同上），因為英語無關乎學生德性的養成。

　　任課教師的個人魅力往往決定學生對這門課程學習的熱情和積極性，學生學習英語的勁頭，很大方面的原因是因為廢名受學生擁戴。《莫須有先生坐飛機以後》狀述了這種情景：當廢名看到滿山朝讀的學生一概那麼專注投入地讀英語，他不禁問道：「你們為什麼不讀國語呢？」這句話把學生的注意力引到了他的身上，「於是跟前的學生都停讀了，都來圍著莫須有先生，以為莫須有先生又要向他們談話了。他們喜歡聽莫須有先生談話，莫須有先生常常同他們談話。……雖是空話，學生也喜歡聽，因為他們尚不厭莫須有先生之為人……」（同上）由學生的回憶文章則可知廢名之自述並沒有自我粉飾。一個叫李華白的學生在回憶文章裏，憶及「難忘的老師們」中第一個提到廢名：「馮文炳：別號廢名……抗戰後回鄉，教我們英文。平時學者風度，平易近人，他很喜歡跟學生聊天。傍晚，他每一出來散步，總有許多學生圍著他喜歡聽他講當代文學家聞人軼事，學生心裏對他懷有無限崇敬！」（李華白〈從金家寨、五祖寺到大法灣──母校頭三遷的回憶片斷〉，《黃梅文史資料》第5輯，第175頁）

三、參與學校管理

廢名通過校務會議參與學校管理。縣中實行校務會議制度，據史料推測，校務會議每學期一次，有的學期期末召開，有的學期開學之際召開，記錄稱作「第 N 次校務會議」。會議由校長主持，全體教職員參與，提出議題，形成決議，與會者手具實名。會議議題的內容包括學校內部教學、生活的所有方面。因為有與會者手具實名制度，也就是說對於形成決議的事項，所有教師都是予以認可了的。史料顯示，廢名任教縣中期間幾乎參加了每一次的校務會議。他還曾數次依據臨時動議，在會上提案。如據 1941 年 1 月 1 日的縣中第三次校務會議記錄，臨時動議項下記馮文炳提案：「擬請增加教職員待遇案。函請縣府轉呈核示。」（原件藏黃梅縣檔案館）

廢名還有其他發言。據 1942 年 9 月 19 日的校務會議記錄，廢名連同另外幾位教員對本屆招生提出意見：

> 九月十九日廖居仁、岳文選、余旌、桂樹芳、馮文炳等教職員對添招新生的意見稱：聞校長談本校奉令將續招新生一班，同人對此事略有意見。本次招考報名者三百人錄取者七十人，社會一般輿論以為向隅者太多，青年學子不無失學之痛……然，招生之事亦系同人辦理，實無及格而不被錄取者。如以班次所限名額所限及格者超過應取名額之數，則繼續招生可也！添班可也！今事實既不如此，續招豈非降格乎！可告社會以一般不良私塾教育之貽害子弟也。（原件藏黃梅縣檔案館）

　　該意見受到重視，10 月 11 日黃梅縣政府縣長田本昌向縣中發來指令：「准予施行本校教職員廖居仁、岳文選、余旌等教員對添招新生的意見。」（原件藏黃梅縣檔案館）

四、加入中國國民黨

　　1941 年 5 月，廢名加入中國國民黨。這是一次團隊行為，或者說是職務行為，不代表政治、信仰取向。縣中全體教職員集體填表宣誓，包括全校學生全體加入三青團。其時省府教育廳實行「計畫教育」政策，計畫教育的主要內容之一便是強化黨化教育，全體教職員、學生宣誓事件便是在這種背景下發生的。1941 年 5 月 1 日，廢名出席在湖北省立聯合中學鄂東中學分校黃梅分部會議廳召開的中國國民黨黃梅第一直屬區分部黨員大會，正式加入中國國民黨，黨證字號為「楚字 25325」（原件藏黃梅縣檔案館）。

　　一個叫陳超平的學生回憶文章記道：「1941 年春季，黃梅縣中從金家寨遷到五祖寺。開學不久，當時國民黨偽縣長陳宗猷帶領一百多名自衛隊員，全副武裝，如狼似虎衝進縣中，揚言中學裏有共產黨分子在活動，要清查。他們首先把教師和學生都集中到學校禮堂，先聽偽縣長訓話接著向全校師生各發一張表，填寫入黨申請書交上去，就算加入了國民黨。一個不填也不行。這時，馮先生根本不聽這一套，既不參加會議，也不填表。事後馮先生說：『拿著槍桿，逼著別人填表加入你的國民黨，真是可笑可惡！』」（陳超平〈紀念馮文炳老師誕辰 100 周年〉，《黃梅文史資料·廢名先生》第 11 輯，第 124 頁）這顯然是為師者諱。

五、交往

廢名和同事們相處不大融洽。《莫須有先生坐飛機以後》說:「黃梅縣中教員,莫須有先生與他們同事,他們總覺得有點不方便,莫須有先生有時也給他們以打擊,於是他們更不方便了。」(〈莫須有先生坐飛機以後・莫須有先生教英語〉,《文學雜誌》1948 年 10 月 1 日第 3 卷第 5 期) 前此,「莫須有先生因為在金家寨當了半年小學教員的原故,對於黃梅縣的縣長,黃梅縣的紳士,黃梅縣的讀書人,都有所接觸,正是孔子說的斗筲之人何足算也……」(〈莫須有先生坐飛機以後・五祖寺〉,《文學雜誌》1948 年 9 月 1 日第 3 卷第 4 期) 其所以如此,總是事出有因,《莫須有先生坐飛機以後》記述了一些他們齟齬相生的情景(此略),用一句成語說叫作道不同不相為謀。實際乃是黃梅的教育知識界這些小知識份子替代中國教育知識界成為了廢名的對立面。漫說黃梅,其實在廢名的觀照中,中國的官吏、紳士、讀書人又何嘗不是孔子說的斗筲之人何足算也!他看熊十力、周作人:「(莫須有先生,即廢名) 民國三十年元旦寫了一篇文章,題曰〈說種子〉,等於寫一封信,抄了三份,一份寄北平的知堂翁,一封寄重慶的熊十力翁,一份寄一位朋友,其人在施南辦農場。三方面都有回信,都令莫須有先生失望,朋友是年齡未到,莫須有先生仍寄著希望,至於知堂翁與熊十力翁,莫須有先生得了二老的回信,有一個決定的感覺,老年人都已有其事業,不能再變化的,以後不同此二老談道了。」(〈莫須有先生坐飛機以後・莫須有先生動手著論〉,《文學雜誌》1948 年 11 月 1 日第 3 卷第 6 期) 周作人和熊十力是廢名最所深交的知識人,這兩人是

何許人也，估計我行文至此不用饒舌，然而在最擅他們勝場的方面
——談道，竟也已不入廢名法眼了。這不是廢名自負，也非獨立特
行個性使然，而是有其深層原因。抗戰時期廢名深入民間，這也是
他回歸並深契於傳統文化，同時與當代知識文化告別的過程。廢名
看魯迅：「莫須有先生在民國二十六年以前，完全不瞭解中國的民
眾，簡直有點痛恨中國民眾沒出息，當時大家都是如此思想，為現
在青年學生所崇拜的魯迅正是如此，莫須有先生現在深知沒出息的
是中國的讀書人了，大多數民眾完全不負責任。」（〈莫須有先生坐
飛機以後・停前看會〉，《文學雜誌》1948 年 2 月 1 日第 2 卷第 9
期）這番話意味著廢名本人知今是而昨非，不以魯迅為然否了。他
說，「魯迅其實是很孤獨的，可惜在於愛名譽，也便是要人恭維
了……」（〈莫須有先生坐飛機以後・上回的事情沒有說完〉，《文學
雜誌》1948 年 1 月 1 日第 2 卷第 8 期）也就是說魯迅仍然免不了
一般文人的習氣。他說熊十力也稱其習氣重。事實上，這時廢名乃
明顯表態，全盤否定新文化運動以來的教育知識界。他們為這個民
族做了什麼？他們是個特殊階級，不完糧納稅，即使在此國難當頭
之際，他們的子弟也不充兵役丁役，在大都市如此，避難回到鄉間，
也仍然是特殊階級。他們的能事是鼓吹西方文化和現代科學，批評
批判中國固有的聖人的學說，孰不知乃是數祖忘典，引狼入室，禍
國殃民，將國家社會導入歧途。黃梅縣中的教育，黃梅縣裏這些鄉
間的知識人，乃學舌者，廢名同他們又如何相言歡快得起來呢？

　　七班同學畢業建同學錄，例請教員寫同學錄序，1942 年 12 月
21 日廢名為序於黃梅五祖寺之觀音堂。半年後八班畢業，1943 年
6 月 1 日為序於黃梅後山鋪馮仕貴祖祠堂。1944 年 12 月 21 日為九
班同學錄作序於黃梅停前鄉李家花屋。1945 年 1 月 10 日作〈黃梅

初級中學二四區畢業同學所辦懷友錄序〉。抗戰勝利後廢名回到北
大教書，這幾份黃梅縣中的同學錄序他都拿到報紙上發表了。

「從民國二十九年春季，直到民國三十三年冬，莫須有先生在
縣中學任教，中間共換了三個校長。民國三十四年春新來的校長，
是地方上的紳士，戰前久任縣中校長，縣中在五祖寺時期一度任校
長，三十四年春再任校長，他想個法子使得莫須有先生不能不離職
了。莫須有先生因為在鄉間住久了，當教員已等於一個職業，大家
認為他失業了，是社會上很普遍的事。但莫須有先生認為是一件大
事。莫須有先生得此閒暇，在家寫完了《阿賴耶識論》。」（〈莫須
有先生坐飛機以後‧莫須有先生教英語〉，《文學雜誌》1948 年 10
月 1 日第 3 卷第 5 期）

（原載《抗戰時期廢名論》，華中師範大學出版社 2008 年 3 月版）

廢名的避難經歷與其家族生活

　　1937 年 12 月，廢名回到故鄉黃梅。但戰爭的腳步比他的雙腿更快，黃梅也不是一塊淨土、樂土了。整個中國宛如太上老君煉丹的八卦爐，廢名像被困在這爐子裏的齊天大聖，離開北平，好像跳出了雷電交加的電爐，回到黃梅，卻又如同落入烈焰熊熊的火爐（按：黃梅在武漢會戰的戰區地帶，戰事頻擾，1937 年發生過一次大戰，在這次戰事中，廢名家的財產遭受了很大的損失，「在二十六年大戰遭受損失之後，又一回一回地遭損失，現在則所剩不多了」，除了身上穿的，其餘的可「裝在籮擔裏，一回挑出去」。1938 年夏，「黃梅縣城附近是戰場，」日本兵佔據了黃梅縣城，廢名全家跑反，離開縣城老家。秋，敵兵退了，「黃梅縣城恢復之後，莫須有先生的家庭隨縣城裏的居民又搬進城裏。」未幾，敵兵再擾。1939 年夏，賽老祖山間一架日本飛機墜落，「不久敵人興師動眾，打進賽老祖尋飛機」，「此役黃梅縣所吃的苦，所受的驚，較二十六年大戰為過之，黃梅無可避之地了⋯⋯」）。所不同的是，在北平他作為「都市上的文明人，除了己只有社會了」（本篇引文均出自《莫須有先生坐飛機以後》，《廢名小說》「上、下」，艾以、曹度主編，安徽文藝出版社 1997 年 9 月版），而回到黃梅，則是回到了家族之中，成為整個家族的一分子，得到家族的庇護。水火相生相剋，烈焰熊熊的火爐中心，有一溫涼的水爐。

　　家族制度是抗戰時期廢名避難黃梅期間全身活命的庇護所。

一

民國紀年「二十八年之秋」，廢名謀得一份小學教員的職業。這所小學是黃梅縣立第二小學，學校設在停前驛金家寨，地處黃梅上鄉山區，離縣城有三十五里之遙。

到這個時候，廢名回家鄉黃梅已有近兩年的時間。這近兩年的時間裏，廢名沒有從事什麼職業，他和他的四口之家生活在大家族之中。「他從二十六年大學講師沒有得到聘書以來，對於領薪水這習慣已經忘記了，他簡直忘記了一個人還可以從社會得到報酬……」這兩年，一來生活從來沒有安寧過，尤其住在城裏，每當敵兵來了，便要跑反去，因此找一份工作養家糊口是不容易的事；二來就廢名本心來說，恐怕也沒有從業之念，他之回到黃梅，一是因為抗戰爆發北大內遷他失去了教職從而得暇；二是家眷一直留在老家趁暫時無事不妨回去小聚，成行的直接原因是母親岳老孺人去世了。他的本意是回家小住，謀職還是在外面，他一個「現代大都市文明人」，在黃梅這內地鄉村能有什麼用武之地？只是因為戰爭，他被困在黃梅了，眼見一困兩年。廢名非常關心戰事。在臘樹窠，他同石老爹談起戰爭。因為家住縣城有過親身經歷，廢名對石老爹談起敵兵的可怕，石老爹說：「要到三十五年才太平。」「這句話出乎莫須有先生的意外，使得莫須有先生向石老爹呆望著。」「石老爹的話，首先是給了莫須有先生一個打擊……連忙又給了莫須有先生一個鎮靜，短期內不作歸家之計了，好好地在鄉間當小學教員，把小孩子養大。」在家鄉一待兩年原已超乎廢名的打算，而即使如此，他還心存幻想，未曾想，還要有七

年仗好打。這反過來說明廢名原來是指望終有一日戰爭便會結束，回到太平。這個時間不至有七年之久。而戰爭一結束，他即又回到原來的生活軌道上。因此故，廢名一直未曾謀職，而心安理得地生活在大家族裏。

1939 年秋，廢名攜家眷赴小學履新。「只是把老太爺一個人留在老家罷了。」其實老太爺身邊還有孀居的兒媳及孫子，即廢名的弟弟馮文玉的夫人和兒子馮奇男。所謂「只是把老太爺一個留在老家，」意指，這是近兩年來廢名第一次離開大家族而挈了眷屬獨立生活。

廢名履任赴新時「有資本三元」。不過這三塊錢，「其實不能說是資本，是債務，是太太向其阿弟借來的。」而在他們身後，「那個老家在縣城之內，這個縣城差不多已經成了劫後的灰燼，莫須有先生的老家尚家有四壁」，「家裏的東西損失殆盡」。此時的廢名是一貧如洗，而他的家族也無力接濟他了。

然而，家族的意義並非僅僅提供現實物質保障。「家庭經寇亂，一空如洗」，然而家族關係網絡則依然。家族關係構成的網絡，家族生活者們的家族觀念，往往構成現實生活的資源。

西方文化講個人奮鬥，中國的人生則往往由人情裏生發，家族宗親系統是人生生命活動的起點。

廢名攜家帶口赴小學履新，但是，「學校對於教員眷屬是沒有打算居住的地方的」。廢名先要解決衣食住的問題，首先是住的問題。在不名一文的情況下，在一個人生地不熟的地方，要立馬解決這些問題，談何容易，廢名為此一度煩亂異常。

一把鑰匙開一把鎖。當時廢名沒有找到開那把鎖的鑰匙，而他竟想把鎖打開。試看廢名試圖解決住的問題的努力：

　　廢名一家四人到了臘樹窠石老爹家。「他把衣食住問題著實放在心裏」，一個人心裏尋思。於是，「當他抵達臘樹窠之日，吃了午飯，……他一個人出門向金家寨的那個方向走，走進那驛路旁一家茶鋪裏，他揀了一條板凳坐下了……他向茶鋪裏的好幾個人打聽：『這附近有房子出租沒有？』」結果是「有房子出租沒有」沒打聽出著落，倒是鬧出了場誤會，這茶鋪碰巧私賣牛肉，而這是違法的，他被誤認為是鄉公所裏下來偵察賣牛肉的人，甚至是縣衙門口的人，私賣牛肉的主由於說話不慎私賣牛肉的事泄了底，嚇得溜之大吉，而茶鋪主人則對他戒備有加，漠然相對。

　　蓋因為此時廢名是以現代都市上文明人的方式來解決面臨的問題，因此當然與當地的情形隔膜，而引起誤會衝突也是情理之中的事了。而那把能把鎖打開的鑰匙，是走家族主義之路線。

　　憑藉族姓關係，在沒有一分錢資產的情況下，半天之間，廢名一家吃和住的問題完滿解決了。這一切是那麼令人難以置信，然而循著家族主義路線，又是那麼順理成章再自然不過。原來此地有一馮姓家族，廢名本姓馮，一筆寫不出兩個馮字。話說廢名攜了一家四人履新赴任，他並非徑直去往任教的小學，而是先來到臘樹窠石老爹家做客，「並隨後再商量在那裏居住的問題」，然而經過接觸，尤其是吃過一頓午飯，廢名知道此時的石老爹家再不是過去那個石老爹家了，於是不再作在他家居住之想，而另尋解決的辦法，於是有上面說到的在茶鋪打探租房一節。

　　廢名無功而返，於是只得向石老爹求助——此地此老是他唯一的相識：

　　「我想在學校附近租房子住，想請老爹幫我找一找房子，——鄉下不比城裏，不知道有沒有房子出租？」

　　從廢名說話的方式和措辭，可見他內心頗躊躇。看來他是出於萬般無奈不得已才求助石老爹，而實際上人誰沒有難處，有難處時求人，這在中國這個人情社會，是再自然不過的事情。

　　廢名開口之際，石老爹是「胸有成竹，莫須有先生的居住問題已經不成問題地解決了。」他從族姓關係上做文章，領著廢名，來到一個叫順子的馮姓後生家裏。順子家剛好有一處閒置的房子。石老爹吩咐順子：

　　「這是你本家的先生，先生現在要到金家寨學校教書，你把你的房子打掃出來，先生就在這裏住家。」

　　問題就這麼解決了。就這麼簡單。

　　當廢名跟著石老爹解決住的問題之際，那邊廂，太太則跟石老太太預購了稻穀，而且當即就碾出來了。吃飯問題也迎刃而解了。

　　由租房這次親身經歷，廢名獲得對中國社會特徵新的認識和瞭解：「中國的家族主義原來根深蒂固……。若不認識這個基礎而求改造，竊恐沒有根據。」

二

　　廢名在金家寨黃梅縣立第二小學做了半年小學教員，1940年，縣中在五祖寺重新開學，廢名調到縣中任教。「莫須有先生在龍錫橋之家，當莫須有先生初到五祖寺上學的時候，並沒有遷移，只是莫須有先生一個人到五祖寺縣中當教員去了。後來敵兵打游擊打到停前來了，於是停前一帶也常有恐慌，莫須有先生的家經了好幾次遷移，最後還是決定把家搬到五祖寺上去，以學校為家了，這是1942年夏天的事。同年冬，敵兵由孔壟進據黃梅縣城，再不是

打游擊了，是長期佔據了，而且炮擊五祖寺，縣中學乃散了，倉卒間莫須有先生一家人搬到水磨沖避難。……避難的人凡關於避難的事情感覺性最靈敏，莫須有先生一時不但想起水磨沖這個地方，而且他知道水磨沖裏面那個較大的村是幾戶姓向的人家，有一家便是莫須有先生本家龍錫橋花子的舅家，莫須有先生此去必定會受招待了。」

這仍然走的是家族主義路線。與以前有所不同的是，那時走家族主義路線，廢名是被動的，被引導著這麼走的，如上文提到的在臘樹窠石老爹家做客，並解決居住和吃飯的問題的那次。而現在，廢名已熟諳鄉村人情，姿態主動了。首先，水磨沖這個可避難安家的地方是他覓到的，其次，搬到那兒去，也是他提出來的，所以搬去的理由是，同那兒有族姓關係的瓜葛——儘管是間接的：「莫須有先生乃打定主意道：不要緊，我們到水磨沖去，那是花子的舅家，那個地方最安全。」搬家、安家的一應事務，也由廢名一手安排操辦，不待太太費心，更勿需像在龍錫橋那次，有待石老爹這麼個局外人介入才濟事。搬家時，他理所當然地吩咐「三記挑了一擔東西引著兩個小孩先下山（指五祖寺）」，往水磨沖去。三記者，龍錫橋馮姓本家也。

由上述可見，家族關係是一種可以轉化為現實生活資源的事物。而且更進一層，它使家族生活者獲得歸屬感。以前到一個新地方避難，廢名的內心總忐忑不安，「生怕主客不相安了，怕主人瞧不起客人了，不能不想個法子抬高自己的身價，自誇不窮，家裏之所以沒有好衣服穿，是因為寇亂之中都給搶劫了。」因此有前回在龍錫橋為打灶所需石灰、鐵鍋的花銷而惴惴，唯恐兜中不名一文的真相穿幫，最後為空城計成功演出胡混過關不致現底而長吁慶幸一

口氣。今日則不諱言其窮——「今日則真是孔子說的貧而樂」。廢名夫子自道猶為貼切:「莫須有先生這回避寇難猶如歸家。」

「莫須有先生在民國二十六年以前,完全不瞭解中國的民眾。」即使 1939 年秋履任小學教員之前去臘樹窠作客時,廢名也還沒有擺脫現代大都市文明人的思維習慣和處事方式,而避難水磨沖,廢名在家族中心社會中呼吸有日,他也已同他生活呼吸其間的社會水乳交融親密無間了,他成為了一個家族生活者。

避難隱居水磨沖時期是廢名生命中一個較重要的時期,這期間,他寫作了他自己頗為自許的哲學著作《阿賴耶識論》。

三

抗戰時期廢名避難黃梅十年期間,主要生活在家族宗親和族姓之間,托庇於家族關係的蔭護,雖處身戰爭恐怖的環境裏,生活上備嘗難辛和困苦,然而其家庭得以保全,「在這個亂世他一家人還能夠有所棲息」,「在這個亂世還能在辛苦的鄉間過著平定的生活,老老幼幼了」。廢名既感慨,又欣慰。廢名自己沒有「貪著生活而失掉修行的意義」,並且感受到「世間到處有人情了,正如到處有和風拂面」。他尤其覺得欣慰的是,他的一雙兒女,十一歲的女兒慈和五歲的兒子純,他們幼小的心靈,並沒有因為戰爭殘暴恐怖和生活貧窮困苦受到影響,受到傷害。

廢名「做父親的心情」,最不能釋懷的便是戰亂的環境和貧困的生活條件會在小孩子幼小的心靈上留下陰影,使他們不能成為具有博大的感情和健康心理的人。廢名自己幼兒時,是生活在一個富庶的家族裏,「而不是貧家」,這種成長環境,給予了他「豐

富的情感」。「現在慈同純，隨著父親母親在貧苦的佃農之家避難，將來能有博大的感情嗎？思想是不是因此單薄了呢？莫須有先生希望他們能為豪傑，不要受環境的影響，為一己的生活所小了。一個人能夠忘貧確是很不容易的，但做一個人，最低的意義亦必須忘貧。」廢名認為一個人幼年時的生活環境對他的成長來說是很要緊的。

「莫須有先生做小孩時當太平之世在縣城自己家裏看放猖，看戲，看會，看龍燈，藝術與宗教合而為一，與小孩子的心理十分調和，即藝術與宗教合而為一了。」在太平之世，小孩子們成長，伴隨著富有藝術和宗教氣息的民俗風情的薰陶，這對他們的心靈有陶冶作用。而今非昔比，慈同純生活其中的，卻是天下亂世了，生民避難逃反而不暇，又哪有餘裕開心舉行迎神賽會、唱戲、玩龍燈、趕廟會呢！

總之，無論是物質條件還是生活環境，慈同純生活的環境，於小孩的心靈成長，是很可憂慮的。廢名為此「很有一番努力，同時也得到了家族中心社會的幫助，數年之後慈同純都已不覺得自己是難民了，一切都是本地風光了，空氣溫暖了」。在孩子的心靈上，他們遠離了戰爭。

廢名關於小孩心靈成長的他日之憂，以及為此而付出的諸般努力，頗叫人感到溫暖而感動，令人不禁想起幾年前一部風靡全世界感動了全世界的義大利電影──《美麗人生》，廢名同那位猶太父親從觀念情感到行為有許多相通之處。

親身生活經歷和真實的生命體驗，使廢名同情中國家族制度。

廢名 1916 年離開黃梅入武昌湖北省立第一師範學校讀書，接受新式教育，一師畢業後，在武昌做小學教員。這期間，受新文化

運動影響，產生嚮往。1922 年考入北京大學，北大畢業後，留校任教，在北京呆了整整十五年，直到抗戰爆發，回黃梅避難。這期間，成了知名的新文學家。

廢名自述：「莫須有先生兒童時期在故鄉住過一十五年，即是說他從十五歲的時候離開家鄉。離開家鄉卻也常歸家，不過那還是說離開了家鄉為是，如同一株植物已經移植，便是別的地方的氣息了。」所謂「別的地方的氣息」，指的是在武昌、北京等地接受了新文化運動的影響，信奉西方近現代觀念，即個性主義、自由、平等、民主等種種，變成為「都市上文明人」，「除了己只有社會了，除了自己懂『自由平等』而外沒有別的社會道德了」。

現實改變了廢名的人生道路，戰爭的狂濤把他拋到中國民眾的真實生活之中。像普通中國民眾一樣，宗族生活成為廢名生活的現實。他據此對以前的觀念、信仰進行反思：

> 莫須有先生在民國二十六年以前，完全不瞭解中國的民眾，簡直有點痛恨中國民眾沒出息，當時大家都是如此思想，為現在青年學生所崇拜的魯迅正是如此，莫須有先生現在深知……大多數的民眾完全不負責。

他否定了自己原來信仰的那一套觀念：「這是中國的歷史，新的理論都沒有用的。」所謂「新的理論」，指的是十九世紀以來至新文化運動思想革命所輸入的西方思想：近現代資本主義的民主平等自由思想、社會進化論，也包括馬克思的階級鬥爭學說等等。他認識到，「我一向所持的文明態度，君子態度，完全不合乎國情了，本著這個態度講學問談政治，只好講社會改革，只好崇拜西洋人了，但一點沒有歷史的基礎了」。他改弦更張，認為中國真正可憑

恃的其實是理想的家族制度和孔孟學說。廢名的態度很誠實，也非常可愛。

（原載《黃岡師範學院學報》2005 年第 4 期）

葉公超批廢名

1936 年 3 月 27 日《自由評論》第 17 期載有一篇題為〈意義與詩〉的文章，是評介斯帕婁（John Sparrow）的現代詩學專著 *Sense and Poetry* 的，作者葉維之。據編者梁實秋「附識」介紹，葉氏這篇書評是一年以前寫的，本來預備給《學文》月刊（葉公超主編）登載，因《學文》停刊，徵得葉氏同意後，梁實秋遂刊發在《自由評論》上。〈意義與詩〉中有這麼一段話：

> 但是辨別一首詩的有無意義，讀者是非十分細心不可的。斯帕婁在第四章中說：「我們說一首詩『隱晦』時，先得問問自己，我們的困難是否由於自己頭腦不靈或智識不足。」這種缺乏腦筋或知識的人，甚至於可以把很普通的詩，解釋成狗屁不通的詩。例如李商隱的「我是夢中傳彩筆，欲書花葉寄朝雲」，有位先生不懂「題葉」的典故，竟硬在「書」字下添了一道，又不知「朝雲」是人名，竟把「雲」改成「陽」，以為這兩句詩是說：「這些好看的花朵，雖然是黑夜之中，而顏色自在，好比就是詩人畫就的寄給明日的朝陽。」西洋的批評家正與此相反，他們愛把無意義的詩解釋成有意義的詩，然而這兩種毛病，根本都是一樣，都是自己杜撰了一篇神話，卻以為是接受了人家的傳達。

葉氏所說的「把很普通的詩，解釋成狗屁不通的詩」或「把無意義的詩解釋成有意義的詩」是一種極其普遍的現象，是眾多解詩（不限於詩）者容易犯下的「毛病」。

我所感興趣者乃是葉氏不點名批評的「有位先生」。從「例如」以下的文字來看，這位「先生」必是廢名無疑。1934 年 11 月 5 日，《人間世》第 15 期刊有廢名的〈新詩問答〉一文，其中寫道：

> ……最後兩句「我是夢中傳彩筆，欲書花葉寄朝雲」，我想這真當得起西洋批評家所說的 Grand Style，他大約想像這些好看的花朵，雖然是黑夜之中，而顏色自在，好比就是詩人畫就的寄給明日的朝陽。

葉氏所引用的文字就出自這裏。「我是夢中傳彩筆，欲書花葉寄朝雲」是李商隱七律詩〈牡丹〉的尾聯，全詩如下：

> 錦幃初卷衛夫人，繡被猶堆越鄂君。
> 垂手亂翻雕玉佩，折腰爭舞鬱金裙。
> 石家蠟燭何曾剪，荀令香爐可待熏？
> 我是夢中傳彩筆，欲書花葉寄朝雲。

相對於李商隱的某些無題詩，這首詩不算難懂。全詩以人寫花，以花寫人，借詠牡丹寄託詩人對意中人的傾慕、相思之情。詩中句句用典，僅尾聯就用了三個。「夢中傳彩筆」見《南史‧江淹傳》：「（淹）嘗宿於冶亭，夢一丈夫自稱郭璞，謂淹曰：『吾有筆在卿處多年，可以見還。』淹乃探懷中，得五色筆一以授之，爾後為詩，絕無美句。時人謂之才盡。」「題葉」典出《魏書‧彭城王勰傳》，專指暮春時節，群臣相聚宴飲。葉氏所謂「題葉」的典故當不是指這個，而是指以紅葉題詩傳情的「題紅葉」（省稱「題紅」或「題葉」）。關於紅葉題詩的故事，歷來記載很多，情節大同小異。如唐孟棨《本事詩‧情感》載：唐玄宗時，顧況於「苑中，坐流水

上，得大梧葉」，上有題詩云：「一入深宮裏，年年不見春。聊題一片葉，寄與有情人。」顧況也在葉上題詩與之反覆唱和。至於「朝雲」，通行的說法是指「巫山神女」，見宋玉〈高唐賦〉：「且為朝雲。」也有認為這裏的「朝雲」係借指令狐楚。李商隱出身孤寒，受知於天平軍節度使令狐楚，令狐楚視其如子姪，讓他與兒子令狐綯同學，親自教授。令狐楚出鎮太原，非常關懷長安家裏的牡丹。此時，李商隱正好在京城應舉。因此，〈牡丹〉一詩既是李商隱呈獻給令狐楚的習作，也有通報牡丹消息之意。此外，有說「朝雲」是指李商隱的小姨子莫愁，也有說是指令狐綯的愛妾，李商隱與她有染。且不論廢名是否懂得「題葉」的典故，知不知道「朝雲」是人名，但若說他硬在「書」字下憑空「添了一道」而變成一「畫」字，那可就有點冤枉。葉氏似過於坐實了，廢名則加入了許多想像的成分。廢名解詩每每如此，其解詩的文字往往比原詩還要美，還要富於詩意。卞之琳曾說過：「廢名對我舊作詩的一些過譽，令我感愧，有些地方，闡釋極妙，出我意外，這也是釋詩者應有的權利，古今中外皆然。只是知我如他，他竟有時對於其中語言表達的第一層的（或直接的）明確意義、思維條理（或邏輯）、縝密語法，太不置理，就憑自己的靈感，大發妙論，有點偏離了願意，難免不著邊際。」（〈《馮文炳選集》序〉，《新文學史料》1984 年第 2 期）廢名對「我是夢中傳彩筆，欲書花葉寄朝雲」詩句的闡釋正是這樣，所不同的是他對其中內含的「題葉」、「朝雲」典故「太不置理」，倒是就語言表達的第一層意義「憑自己的靈感」、「大發妙論」。

不過，我最感興趣者還不是「有位先生」，而是作者「葉維之」。據考證，「葉維之」就是大名鼎鼎的葉公超。葉公超與廢名有師生之誼，二人之間常相往來。1926 年，葉公超執教於北大，是當時

北大最年輕的教授之一。他小廢名三四歲，很器重廢名。後來，葉公超棄教從政，做過國民政府的外交次長。抗戰結束後，廢名重返北大，途經南京時，曾通過葉公超探視過關押在老虎橋的周作人。話扯得有點遠，收回來。葉公超說廢名「把很普通的詩，解釋成狗屁不通的詩」，言外之意是說廢名「狗屁不通」。1931 年以後，廢名與葉公超共事於北大，二人又是朱光潛主持的「讀詩會」上的常客，有時還在周作人的「苦雨齋」聚談。既然有師生、同事等如此親密的關係，那葉公超為何要寫化名文章嚴厲批評廢名呢？解志熙有一種說法，大體上還能夠令人滿意：「對廢名的那種不脫浪漫的詩學見解和非常印象式的解詩作風，恐怕的確是看不慣，如骨鯁在喉不吐不快；但同樣可以理解的是，葉公超也不能不顧及彼此抬頭不見低頭見的臉面。」（〈現代詩論輯考小記〉，《中國現代文學研究叢刊》2005 年第 6 期）

廢名特別欣賞李商隱〈牡丹〉詩的最後兩句，並多次作過解釋。早在 1929 年，他在長篇小說《橋》中就借主人公程小林之口說過：

> 今天的話實在很燦爛，——李義山詠牡丹詩有兩句我很喜歡：「我是夢中傳彩筆，欲書花葉寄朝雲。」你想，紅花綠葉，其實在夜裏都佈置好了，——朝雲一剎那見。（〈八丈亭〉，北平《華北日報副刊》1929 年 7 月 19 日第 116 號；收入單行本《橋》，改題為「橋」）

1930 年，非命（廢名）在〈隨筆〉一文中認為李商隱的這兩句詩「有非其人道不出的意境，詞句的自然現得他不費力罷了」，意在說明：「高明的作者，遣詞造句，總喜歡揀現成的用，而意思

則多是自己的，新的，這也是典故的存在的理由之一。」(《駱駝草》1930 年 8 月 4 日第 13 期)

1943 年，周作人在〈懷廢名〉中說廢名常和他談李商隱、庾信、莎士比亞、杜甫等，還專門引用《橋》裏的那段文字，加以例證(《古今》1943 年 4 月 16 日第 20、21 期合刊)。

廢名是否看過葉公超〈意義與詩〉的書評，這個不得而知。但可以知道的是，1948 年，廢名在〈再談用典故〉中提到「我是夢中傳彩筆，欲書花葉寄朝雲」的時候，他的看法仍未改變。他說：

> 有時有一種偉大的意思而很難表現。用典故有時又很容易表現。這種例子是偶爾有之，有之於李商隱的詩裏頭，便是我常稱讚的這兩句：「我是夢中傳彩筆，欲書花葉寄朝雲。」這是寫牡丹的詩，意思是說在黑夜裏這些鮮花綠葉俱在，彷彿是詩人畫的，寄給朝雲，因為明天早晨太陽一出來便看見了。沒有夢中五色筆的典故，這種意境實在無從下筆，朝雲二字也來得非常之自然，而且具體。(《民國日報·文藝》1948 年 3 月 1 日第 117 期)

據說六十年代初，廢名有過為李商隱詩作箋注的計畫，認為「從來的人都做錯了」(馮思純〈廢名在長春〉，《黃岡師範學院學報》2007 年第 4 期)。由於重病和時代的原因，廢名的計畫未能實現。若真實現了的話，我很想知道他對「我是夢中傳彩筆，欲書花葉寄朝雲」兩句又是怎樣解釋的。

(原載《書屋》2009 年第 6 期)

一位近世鄉儒及其家族的剪影
——熊十力撰〈黃梅馮府君墓誌〉發微

　　熊十力的這份遺墨，是 2001 年 11 月筆者為「抗戰期間廢名避難黃梅十年的生活與創作研究」的課題赴廢名的故鄉黃梅搜集有關資料時意外發現的。這份文獻材料，直接涉及中國現代文化史上的兩位著名的文人學者——熊十力和廢名，其價值不言而喻；而對於我們鄂東地方文史研究，更是彌足珍貴。不敢專美，特披露於此，並作初步解讀，以與同道分享。

　　熊十力撰〈黃梅馮府君墓誌〉全文如下：

黃梅馮府君墓誌

　　讀聖賢書而實踐倫常之地，居閭里間而不聞理亂之事，其心休休焉，其行庸庸焉，存黃農虞夏於干戈擾攘之世，天福之，鄉人頌之，無奇可稱而實天下之至奇也，其斯為黃梅馮府君歟？公諱步雲，字楚池。倭寇二十七年陷黃梅，其子文清文炳隨侍避難。邑西鄉後山鋪附近有馮仕貴祖祠，巍然一大廈，太平天國之役未罹兵害。公全家托庇其間。逾年微疾而沒。沒時不知有亂世。兒孫聚首一堂，居喪守禮。夫人岳氏，皈佛門，法名還春，修持甚謹，國難方來，遽無疾而逝，蓋有前知云。

　　　　　　　　　中華民國三十六年五月十一日黃岡熊十力

（公生於清同治八年己巳二月初七日歿於民國三十二年癸
未九月三十日　夫人生於清同治七年戊辰十二月二十四日
歿於民國二十六年丁丑九月二十三日）

以上括弧裏的文字係另一種筆跡記於一旁，估計為廢名或馮氏族人
所補書。

2005 年暑假，筆者借赴河北開會之機，假道山東濟南，拜訪
廢名哲嗣馮思純先生，得知這篇墓誌還存有兩份抄件。其一疑為廢
名大哥馮力生先生所書；其二係廢名所抄，題名改為〈黃梅馮府君
墓表〉。兩份抄件與原稿文字略有不同。

這篇墓誌寫於 1947 年，其時正是熊十力學術創造生命的盛
年，他的博大精深、精嚴典麗的思想體系已告完成。後來成為現代
新儒家第二代代表人物的一些人也正是這先後受誨於熊十力。當此
之際，流諸熊十力筆端的文字，真可謂字字珠璣。

熊十力在其著作中多次使用大海與眾漚的比喻闡發體用不二
的真諦。相對於熊十力卷帙浩繁的著述，區區二百餘字的〈黃梅馮
府君墓誌〉也可說是大海之一漚。一漚中蘊涵著海水的本體，同此，
熊十力的一些重要的基本的思想，也在這二百餘字的墓誌中有所反
映，通過它映射出來。

吾道一以貫之。熊十力是建立了自己思想體系的思想家。昔
人已乘黃鶴去，此地空餘黃鶴樓。當他以八十三歲的高齡在憂患
中逝去，他的身後，留下了一座巍巍然建構嚴整的思想大廈。王
元化多次提到熊十力對他的教誨：根柢務求其固，裁斷必由己
出。這篇簡短的墓誌，其根柢便是熊十力建言數十萬而完成的思想
體系。

這篇墓誌以極其精煉的文字刻畫了一位符合儒家目的的君子形象，稱讚墓誌的主人馮府君楚池先生是一個君子。我們知道，按照中國傳統的儒、佛、道的觀念，人的存在，以成就人格為最高目的。其中，儒家以成為「君子」為最高目的。該墓誌中，對志主蓋棺定論，指認馮楚池先生，作為一個讀聖賢書出身的儒者，通過其一生的道德實踐，至其歿時，完成了合目的的人格塑造，從此儕身君子行。這是對墓誌主人的最高評價了。

不過，在我看來，這篇墓誌的微言大義不僅在於對墓誌主人的人格的定評，主要倒在於熊十力借本墓誌主人，「圖說」原始儒家的倫理生活和人格精神。以下試作簡單的分析。

一、張揚孔子的君子人格觀

李澤厚認為，孔子思想的主要範疇是仁。其仁學結構的四因素分別為血緣基礎、心理原則、人道主義及個體人格。這裏所說的個體人格即君子人格。君子人格是一種理想的個體人格。君子人格理論是孔子仁學思想體系的重要組成部分。（李澤厚《中國古代思想史論》，東方出版 1987 年版）

《論語》中對於君子人格有大量的概括、描述和規定。君子堅守仁義，依禮而行。「君子無終食之間違仁，造次必於是，顛沛必於是。」（《論語・里仁》，下引《論語》，只著篇名）「君子義以為質，禮以行之。」（〈衛靈公〉）君子還具有仁智勇「三達德」：「君子道者三：仁者不憂，知者不惑，勇者不懼。」（〈憲問〉）君子是有血有肉的生命，「君子有九思：視思明，聽思聰，色思溫，貌思恭，言思忠，事思敬，疑思問，忿思難，見得思義。」（〈季氏〉）

君子珍視生命，熱愛生活，積極樂觀；他們道德純粹，情趣高尚，風度優雅；他們理智從容，安閒平易，待時而動；他們好學深思，從善如流，知識豐富；他們獨立不依，潔身自好，成人之美。他們有自覺的責任感：「君子謀道不謀食」，「君子憂道不憂貧」(〈衛靈公〉)；有強烈的正義感和分明的是非觀，「君子疾夫舍曰『欲之』而必為之辭。」(〈季氏〉)他們事親以孝，交友以愛——尊重和誠信，待人以「忠恕」——善意和理解。「君子之德風，小人之德草，草上風必偃。」(〈顏淵〉)君子以其純粹而高尚的人格，影響著社會：淨化人心，優化世道，增進文明，如春風惠雨，化育生機。

熊十力筆下的馮府君楚池先生，「讀聖賢書而實踐倫常之地」，「其心休休焉，其行庸庸焉」。所謂「其心休休焉」，便是「仁者不憂」，「君子坦蕩蕩」，這是君子的心理狀態。孔子稱顏回：一簞食，一瓢飲，人不堪其憂，回也不改其樂，蓋此之類；所謂「其行庸庸焉」，庸庸，從容和緩貌，指日常行為舉止不偏執不激烈，理智平和，便是「知者不惑」，依稀曾晳「鼓瑟希，鏗爾，捨瑟而作」(〈先進〉)的風采。這是寫照君子行的行為狀態。所謂「讀聖賢書而實踐倫常之地」，即「學而時習之」(〈學而〉)，即道德實踐，這是馮府君進身君子行的所由之階。馮府君通過嚴格的道德實踐，其思想感情、思維方式、行為舉止均臻君子境界，從而修養完成君子人格。孔子在「禮崩樂壞」的春秋之世追求「克己復禮」，馮府君則以一身「存黃農虞夏於干戈擾攘之世」。孔子厄於匡時，仍堅信「天之未喪斯文也」(〈子罕〉)，熊氏稱馮府君亦謂「天福之」；孔子的偉大的一生，受到普遍的尊敬和愛戴，顏回對之高山仰止(〈子罕〉)，子貢將其比作日月(〈子張〉)，當時賢者稱讚他是替天行道的「木

鐸」（〈八佾〉），熊氏稱馮府君則謂「鄉人頌之」，幾令人疑惑熊氏是依孔子的原型而模寫馮府君。

熊十力借撰是志，張揚孔子的君子人格，乃是針對現實，旨在救世。熊十力之所以「棄政向學」，由一個革命實踐家至「時年三十五矣」而「決志學術一途」，乃有深悲與大痛楚者。「熊氏目睹『黨人競權爭利，革命終無善果』，痛惜鼎革以還，世風日下，道德淪喪，官方敗壞，軍閥官僚貪污、淫侈、殘忍、猜妒、浮誇、詐騙、卑鄙、苟且，黨禍至烈，士習偷靡，民生凋敝，人道滅絕，慨歎『黨人絕無在身心上做工夫者，如何撥亂反正？』於是慨然而起，『欲專力於學術，導人群以正見』。」（郭齊勇《熊十力思想研究》，天津人民出版 1993 年版，第 6 頁）此後幾十年，他披肝瀝膽，出佛入儒，終於發現孔子所立極的君子人格，覺得這真是針砭世道人心的良方，振頹起懦的藥石。

在熊十力看來，孔子所代表的原始儒家的學說具有超越性。熊十力精研唯識，洞悉佛學唯識論固然在人心上下工夫，然其驅人心終入虛寂之域。於是出佛入儒。他發現秦漢以來，華夏民族委靡莫振、氣息奄奄、缺乏生機活力，病因乃在於秦漢儒生閹割了原始儒家的根本精神。他徑溯於原始儒家，發掘思想資源。儒家學說，既在修養心性上下功夫，同時弘揚「生生之謂性」，「天行健，君子以自強不息」的動的、健的昂揚向上、積極進取的宇宙觀、人生觀。他終於跋涉到這個足以安身樂命的精神故鄉。

熊十力「由於自己哲學體系的束縛，往往抽掉了歷史辯證法的客觀物質基礎，有時又把這種歷史變化的動力歸結為『生源』，即創造不息的『心體』（創生實體）。」（郭齊勇《熊十力思想研究》，天津人民出版 1993 年版，第 230 頁）由此，在他看來，原始儒家

思想的超越性是必然的。只要復活以孔子和《易》為代表的儒家真精神，趣認心體，在人心上下功夫，充分發揮人的主觀能動性，則人心可救，世道可變，華夏可重現昔日榮光與輝煌。

這是熊十力儒學思想的犖犖大端。當然，依據歷史唯物主義原理，其局限性也不言而喻。

二、「禮失求諸野」——熊十力的民間價值取向

熊十力一生，躬逢辛亥革命、護法運動，後來長期任教於北京大學，交接往還者皆一時之俊彥。然而，在他眼中，黨人、軍閥、官僚皆無足稱。於學問一途，他上下求索，系統梳理了經學史、儒學史，對於秦漢以後的儒學傳統和群儒，他主要是否定和批判的，甚至對當代大家章太炎他亦有微詞。

然而他對於一普通的鄉間讀書人，卻極盡揄揚之能事。表面看來，這似乎難免「諛墓」之嫌，實則它與熊十力獨特的「庶民為本」的歷史觀是緊密聯繫在一起的，是從這一歷史觀出發的。

「熊十力對諸經解說的另一個突出特點是頌揚、肯定庶民的歷史主體地位，這是他高於康、章、孫，而接近於唯物史觀的地方。」（郭齊勇《熊十力思想研究》，天津人民出版 1993 年版，第 230頁）「熊氏的確承認，最下層、最普通、最平凡的人民是社會歷史文化的主人、主體，從根本上決定了國家的歷史命運，擁有主權，是天下的主人。歷史進步是由人民推動的。」（郭齊勇《熊十力思想研究》，天津人民出版 1993 年版，第 232 頁）

「吾少也賤」。（〈子罕〉）熊十力來自民間，來自社會下層，親身體驗了民間疾苦。這種人生經歷生成了他的哲學和思想的民間情

懷的特質。這是他有異於其他經院派哲學家的地方。當他從上層社會、精英階層那兒經驗到失望，他並不因此而絕望，而消沉，即使習佛學亦不至墜入空寂，而是把目光轉投向民間，禮失而求諸野。這使他一方面發現並「肯定了我國文化中有真正的人民生活思想傳統的存在」（郭齊勇《熊十力思想研究》，天津人民出版 1993 年版，第 233 頁），另一方面，使他從原始儒家典籍中發掘出來的極寶貴的思想不至成為只宜保存在博物館的化石、古董，精緻、典雅，然而只有欣賞的價值而沒有任何現實意義，而是有極廣泛的現實生活依據的。從而，他有理由對自己的學術工作充滿信心。原始儒家的真精神——大道之儒，秦漢以後在官方儒學那兒已泯喪，然而，它在民間卻鮮活地存在著，在馮府君這種傳統讀書人身上生動地體現出來。廣大中國民間，有無數像馮府君這種社會中下層知識份子正在忠實地履踐著原始儒家的倫理道德。這是鄉村間原始儒家的存在狀態。

這是熊十力的判斷，也是他的信心；是對中國前途的信心，更是對中國傳統文化的信心。〈黃梅馮府君墓誌〉中，熊十力以極簡練的文字勾勒了一位「隱居以求其志，行義以達其道」（〈季氏〉）的儒家君子形象，描繪了一幅奉儒守禮的宗法家庭生活圖景。其中固然有熊十力的苦心孤詣，然其命筆，亦有黃梅馮府生活的現實依據。

墓誌主人馮府君楚池先生，黃梅縣城關人，讀書人出身，以教書為業，曾任縣勸學所勸學員。（勸學所，晚清基層教育行政機構。光緒三十二年即 1906 年 4 月清政府頒令全國各州縣設立「勸學所」，使各省教育行政組織即學務公所向下延伸至地方基層。）育有三子，長文清，次文炳，三文玉，先後至省城武昌就讀於省立第一師範學校，皆學業有成，畢業後任小學教師。三子文玉於 1935

年在漢口第一小學教師任上病逝,故墓誌中不載。文清、文炳皆已
立立人,於家族於桑梓於社會盡了義務和能力,有功勞有貢獻。楚
池先生主持家政,大約是恪守宗法家族的條規行事。他十分重視和
優待長子,委以重任。而如文炳,作為次子,他幼時即意識到自己
不怎麼重要。而長子文清,即至諸弟成家立業,且如二弟文炳學問
造詣,社會地位均遠逾於身,其行為舉止及由中透出的所思所慮,
仍儼然一派立門長子風範,這大概是楚池先生教誨及其本人習染所
成。1939 年日軍寇黃梅,文清、文炳皆遠避黃梅上鄉山區,楚池
先生留下守家。1940 年春節,他在離城二里地的紫雲閣中守歲。
這仍然還是形同留在家宅裏。因為若家中無人,會有人乘機拆走磚
瓦桁條。楚池先生以老邁晚景,仍盡著維護家族的家長的責任。文
清,即馮力生先生(1895〜1972),文清是其學名,已故的原河北
師範大學教授馮健男先生的父親。馮力生一生從事教育工作,為本
縣本省知名教育家。馮力生先生之為人,勇於任事,寬以待人,嚴
於律己。曾任省立武昌完全小學校長,參與創辦武昌藝術專科學
校,並任校董、校長。戰時回黃梅避難,任縣中心小學校長、縣中
學校長等職。抗戰勝利後,赴武昌就職於考試院湖北湖南考銓處。
後來他還曾在黃岡師範學校任職,是我校校友。他好學不倦。幼年
曾在私塾和學堂讀書,青年時代接受新式教育,退休後居武昌,則
手捧毛澤東著作而不釋卷。他泰而不驕,平和樂觀。文革中以退休
教師仍不免受到衝擊甚至批鬥,乃至累及晚輩,他依然樂天知命達
觀處之。他夫妻情篤,而發情止禮。在大家族中,他身為長子,「其
為人也孝悌」(〈學而〉),對父母溫存體貼,對諸弟愛護備至。他早
年所走的路為兩個弟弟做出了榜樣,使他們沿著同樣的路走了下
來。二弟文炳在一師求學和當小學教師時,受到五四新文學運動的

影響，欲赴北京求學，得到他的贊助。1922 年，馮文炳考入北京大學，直至畢業，一切費用皆由其兄供給。這期間，馮文炳作為一個新文學作家，嶄露頭角。文炳及文玉對父母、兄長和家族亦充滿愛。文炳 1967 年病逝於長春，後此五年，其兄力生先生去世，力生先生遺物中有一藏青色呢大衣，為力生先生生前最珍惜者，這是文炳特為其兄製作的。三叔父馮灼元，孤獨無依，生活困苦，文炳雖遠在長春，但每月發工資時即寄生活費給其叔父，直至叔父去世。

「孝子不匱，永錫爾類。」（《詩經・大雅・既醉》）馮健男教授自少年時即隨其叔父馮文炳求學，後亦成為知名教授。當廢名作為新文學家的價值尚被埋沒，沒有引人注意的時候，他就長期致力於廢名研究，尤其是在廢名資料搜集整理方面作出了不可替代的學術貢獻。馮健男先生以這種方式延續著其家族孝悌傳家的傳統。

（原載《玄圃論學續集——熊十力與中國傳統文化國際學術研討會論文集》，武漢大學中國傳統文化研究中心編，湖北教育出版社 2003 年 3 月版）

廢名致周作人信二十四封

　　廢名一生給乃師周作人寫過大量書信，起碼有幾百封。查《周作人日記》（大象出版社 1996 年 12 月版），僅 1933 年，周作人就「得廢名信」三十封。早在 1921 年，廢名在考入北京大學之前就開始與周作人通信。1943 年，周作人在〈懷廢名〉一文中回憶說：「在他來北京之前，我早已接到他的幾封信，其時當然只是簡單的叫馮文炳，在武昌當小學教師，現在原信存在故紙堆中，日記查找也很費事，所以時日難以確知，不過推想起來這大概總是民九民十之交吧⋯⋯」（《古今》1943 年 4 月 16 日第 20、21 期合刊）1949 年以後，甚至到了五六十年代，廢名仍然與周作人有書信往來，且始終恭執弟子之禮。1961 年 7 月 31 日，周作人在寫給鮑耀明信中稱：「二君（按：指廢名和俞平伯）近雖不常通信，唯交情故如舊。」（《知堂書信》，華夏出版社 1994 年 9 月版，第 241頁）所謂「不常通信」，並不是說不通信或沒有通信，偶爾也會通通信的。

　　迄今為止，廢名致周作人信公開發表的僅見以下兩封：

豈明先生：

　　今天本刊上先生關於陳源〈閒話〉的那一篇文章，是在我意料之中的，——他那樣殺人不見血，先生那得不氣憤呢？我當時見了，也足有一個鐘頭說不出話，心酸而已。

　　但我現在的感想，是覺得先生以後還是沉默的好。我並不是說這樣的題目太小，生在這樣的中國，遇著這樣的對

手，自然會做出了這樣的題目，如以為可惜，那是我們的命運，沒有法。我的理由是，他們現在差不多是司馬昭之心，路人皆知，如果還有受欺騙的，那正可以引用從前唐俟先生對於《禮拜六》的話。

至於「通緝」，也可怕，怕羞，——這與李彥青之牽累吳稚暉先生，相去幾何？

就是我這封信，也願先生「幽默」下去，——不答是也。

馮文炳，三月三十日。

豈明先生：

這一張稿紙只佔去了兩行，於是乎添一點蛇足。

我的名字，算是我的父母對於我的遺產，而且善與人同，我的夥計們當中，已經被我發覺的，有四位是那兩個字，大概都是「缺火」罷，至於「文」，不消說是望其能文。但我一點也不稀罕，——幾乎是一種恥辱，出在口裏怪不起勁。因此每有所製作，總要替她起一個好聽的名字。《雨天的書》，你說你喜歡，我也非常喜歡，你真是「名」家——現在這一套玩意兒，老是「無題」下去，彷彿欠了一筆債似的，今天把這一章謄寫起來，不禁喜得大叫，得之矣！——〈雁字記〉，不很好聽嗎？你以為如何？

慚愧得很，這〈雁字記〉不知要到二○二幾年才能出世，（不至於在陶夢和教授那部大著之後罷）頗費推敲也。

今日何日？「國恥」之日也，（你以為我忘記了日子嗎？

不，我可以引一句話來壓倒你，「士大夫之無恥是謂國恥」
是也。）而我猶這樣談閒天，毋乃不知恥？

　　　　　　　四，八，又要用討厭的名字——文炳。

　　前一封寫於 1926 年 3 月 30 日，題為〈給豈明先生的信〉，載
《京報副刊》1926 年 4 月 1 日第 456 號；後一封寫於 1926 年 4 月
8 日，後作為〈無題之二〉（即長篇小說《橋》之一章）的「附記」，
載《語絲》週刊 1926 年 4 月 26 日第 76 期。此外，在周作人為廢
名《談新詩》（北平新民印書館 1944 年 11 月版）所作的序文和〈懷
廢名〉中可見零星的片段。

　　這裏所公佈的廢名致周作人信二十四封，有二十三封是由廢名
哲嗣馮思純先生提供的。據說是前幾年周作人家屬發現後複印給他
的。這批信件完好無損，信封尚存，郵票仍在，郵戳大多清晰可辨。
歷經大劫大亂，這批信件居然還能夠保留到現在，不能不說是一個
奇跡。另一封系殘簡，原件底部有部分文字被截掉，但信的內容還
是大致清楚的。此簡是由北京藏書家趙國忠先生提供的。

　　這些書信談的多是寫作、出書、辦刊、翻譯、謀職等方面的
事，提供了許多不為人知的資訊。如，《竹林的故事》（原名《黃
昏》）的具體出版經過；廢名曾多次請求周作人幫忙找工作；廢名
不僅是《語絲》週刊的長期撰稿者，也曾一度參與過其中的編輯
工作等等。首次公開的這批信件，對瞭解廢名與周作人之間的交
往情形，對瞭解廢名當年的思想和生活狀況，都具有特別重要的
史料價值。

　　所有書信落款日期都不全，或無年份，或無月份，或年月日均
無。筆者根據郵戳、信中內容和其他相關資料一一作了考證，並按

寫作時間先後依次編號排列。個別書信具體是何月或何日所作，因限於資料，一時無法確定，盼專家、讀者補正。茲將考定的寫作時間說明如下：

第一封寫於 1922 年 5 月，當在 25 日前。寄信人地址為「湖北黃梅縣城內馮源順布號」，信封背面有「通信處同寄信地點」字樣。

第二封至第六封寫於 1924 年，其中第四封月份應為 11 月，第六封當寫於 12 月中旬（17 日或 16 日）。

第七封至第九封寫於 1925 年，其中第七封第二自然段，除最後一句外，其他文字曾作為短篇小說〈竹林的故事〉的「贅語」，發表在《語絲》週刊 1925 年 2 月 16 日第 14 期，文末所具時間為「1 月 17 日」。第九封月份應為 11 月。

第十封、第十一封寫於 1927 年。

第十二封寫於 1928 年。

第十三封寫於 1929 年，寄信人地址為「西郊門頭村正黃旗十四」。

第十四封寫於 1930 年，寄信人地址為「米糧庫十八」。

第十五封寫於 1931 年，寄信人地址為「青島鐵路中學」。

第十六封寫於 1932 年，寄信人地址為「興化寺街十七」。

第十七封、第十八封寫於 1933 年，其中第十七封月份應為 2 月。

第十九封、第二十封寫於 1935 年，寄信人地址為「東安門北河沿甲十」。

第二十一封、第二十二封寫於 1937 年，其中第二十二封脫落字均以「□」標示。

第二十三封、第二十四封寫於 1951 年，其中第二十四封月份不詳。

附：廢名致周作人信

一

作人先生：

我愛文學，愛先生，也愛魯迅先生。前天遇著一個從北京回來的朋友，他說魯迅先生是先生的兄弟。我的理性告訴我，這不必另加歡喜，因為文壇上貢獻的總量，不因是兄弟加多；先生們相愛的程度，不因不是兄弟減少。然而我的感情，並不這樣巧於推論，朋友的話沒說完，我的歡喜的叫聲已經出來了。

去年因幾篇拙劣的稿子，博得先生那多的教訓，至今想起來，還覺不好意思得。──這，在先生看來，也許是不正當的態度，虛榮心的發現。因為先生的廣大的愛河裏，什麼骯髒東西都容得著，何況是雖然未成熟，卻也含有一樣的生命的果子。

現在又寄上幾篇，都是得了教訓以後試作的，或者仍然犯了以前的毛病也未可知。但是自己是不能知道的了。希望先生枉費一點工夫，給個指正！

「⋯⋯我們上帝憐憫的心腸，叫清晨的日光從高天臨到我們，要照亮坐在黑暗中死陰裏的人，把我們的腳引到平安的路上──⋯⋯」（《路加福音》第一章）（按：原件無書名號和括弧。下同）

「……你回去罷，照你的信心，給你成全了……」（《馬太福音》第八章）

馮文炳謹上

二

啟明先生：

　　許久未通隻字，但至少每星期要懷念十遍，因為先生的婉諷而嚴肅的文體，包容而堅定胸懷，每每使我的心由停滯轉到活潑。寄來小說兩篇，切盼先生指點他們的缺欠。

　　我有幾個朋友在武昌創辦一個美術學校，今年六月間，整整一周年。他們昨天來信，擬出一本紀念冊，題名「一周年的武美」，囑我轉請先生做篇序文或題幾個字。我想，沒有看見原物而來做序，豈不近於應酬？然而這幾個朋友，很誠懇，頗有直立不撓的精神，在我的故鄉，殊不多見；想拿著敬愛者的手跡，以誇詡於大眾，似乎也不是不合理的心理。倘先生藉這機會，做點藝術重要的介紹，俾得「化行南國」，那我不但為我的朋友道謝了。

學生馮文炳。五，十三。

三

啟明先生：

我現在借得了一筆款子，足夠印行《黃昏》之用。恭請先生替我做序。我的心情，是得先生而養活；我的技術，大概也逃不了先生的影響，因為先生的文章（無論譯或著）我都看得熟。所以由先生引我同世人見面，覺得是很有意義的事。而且倘若有可以嘉獎的地方，也只有出自先生之口才能夠使我高興。

我打算於先生做就了的那一日親自來取，同時也把《黃昏》帶回。

學生文炳。十一，四。

新作有兩篇，其一即是〈鷗鴣〉，必要時也擬添入。

四

先生：

我突然又變冷淡了，不想把東西印出來。年來閒靜生活，這幾天攪亂得利害，很不值。還是候新潮社的資本與人力罷，不然，就是我已經不在這世界，而它還在我的屜子裏，也不要緊。

學生文炳。十七日夜。

　　我在家裏也常是這樣一天十八變，我的父親罵我而又怕我氣悶。我現在也有點畏先生，雖然明知道先生必定還嘉獎我。

五

先生：

　　印刷事已否進行，為念。又我個人意見甚盼《陀螺》也出版，──近來實在想文章讀（用中國字寫的），而區區小子倘若跟先生一路，得意好多也。

學生文炳。十二，六。

　　校對需不需自己，也盼示，以便與經手人接頭。

六

先生：

　　今天上午寫一封信先生，諒收到了，那廣告請不登。說來真可憐。原來預備兩人辦而那朋友沒有我這樣堅決，於是我一人辦。我打算把那印書錢拿來犧牲，所以賣不了一份，也不打緊。然而把稿子送交印刷課之後，兩三次往返交涉，把心都紛亂了，找朋友幫忙，個個都是擺頭；這還不說，最難的，將來還要自己買幾張顏色紙寫一個大廣告到各院去

貼！這叫我怎麼行？不得已又決然的罷休。

交去的稿子，有兩篇小說，已經排就，不過沒有印，打算就改為印書，仍為新潮社文藝叢書之一，由自己同印刷課交涉，不過登廣告同發行，請新潮社同人。這是我來問先生的又一原因。

先生或許我一見，或批幾個字在後面。

學生文炳。

七

先生：

文章交了收發課，先生當接到了。

近來有一二友人說，我的文章很容易知道是我的，意思是，方面不廣。我承認，但並不想改，因為別方面的東西我也能夠寫，但寫的時候自己就沒有興趣，獨有這一類興趣非常大。波特來爾題作〈窗戶〉的那首詩，廚川百村拿來作賞鑒的解釋，我卻以為是我創作時的最好的說明了。不過在中國的讀者看來，怕難得有我自己所得的快樂，因此有一個朋友加我一個稱號：「寡婦養孤兒。」一個母親生下來的，當然容易認識，那麼，方面不廣，似乎也就沒有法了。先生以為如何？

學生文炳。十七日。

上面那一段話，似乎可以用來做文章後面的「贅語」。

八

先生：

看了〈若子的病〉，才知道中間經過了這麼大的一個風暴，而又喜得我那天去，已經是快要天晴。我願我是吉人，帶來若子歸家的好消息。

今天會著小蜂兄，似乎他當初拿我的小說去印，並不是受了先生的意旨，因為他問我將來放在那一個叢書裏。請先生再告訴他一聲。我近來已經望見了我的命運，對於社會，不敢存什麼奢望，不過能夠利用一般盲目崇拜的心理，把他放在好招牌之下，因而多消幾本賺幾個錢，覺得也來利用，——萬一真賺不到，我想我也能更活潑而且更驕傲的度日罷。

學生文炳，五，四。

九

啟明先生：

來信收到了，歡喜非常。我這無名小子，將因了先生而博得人之一顧。

　　小週報實在是最重要的事，試看現在的中國有那幾個是清楚頭腦？最可怪者，大家都在那裏做押韻詩！先生們再不出來，真不得了。我也想零細送點東西跟在先生後面走。

　　　　　　　　　　　　　　　　　學生文炳，七日。

十

先生：

　　柳無忌君的那篇文章，照他自己的分配，還應登兩期，但最後一部分是總括的說幾句，我想可以省掉，就在 135 期替他把第三部分登完了帳，先生以為何如？又先生的〈答芸深先生論曼殊〉，可否把「論曼殊」三字省去，直寫為〈答芸深先生〉？因為倘完全寫，則目錄上有兩個「曼殊」，不看內容者將真以為《語絲》替曼殊出「專號」也。（我又想把柳君的文章移在 136 期，但因篇幅的關係，不能夠。）自 136 期起，稿件很感缺乏。我頗有些內容複雜一點的東西要寫，但又恐一禮拜之內寫不起，以致耽誤出版，所以不得不圖急就一點，揀便宜的寫，頗感不足。倘若多有一兩人執筆，能夠挪出兩星期的時間，我則大膽的為所欲為也。

　　　　　　　　　　　　　　　　　炳，五，三一。

　　丘玉麟君的小說，已預備 135 期登。

十一

啟明先生：

　　今早來，適先生出門。昨聽說北大行將結束，則此地我實不能再留。本想還留一年的，以學校住卒業為藉口，只要郵匯通，還可以向家裏設法弄錢，就在這一年內，盡力寫完《無題》。現在去往那裏去呢？湖北，我的家鄉，我是不肯去的，在那裏雖容易找得飯吃，而是置自己於死地，不能工作，——這個我能預言。思之再三，廣州中大，那般紳士似乎沒有打算去，我們或者可以相容，而且我別無「野心」，只要多有餘閒，隨便什麼職事都行，請先生斟酌情形能否因寫信江紹原等介紹一下而可成？如此路不通，前所云山西嶧縣托先生找教員，現已找得否？我看了一看地圖，這個地方偏僻得可以，倘若我就去居下幾年，人不知，鬼不曉，將來回來帶幾部稿子再跑到苦雨齋，迎面一聲笑，倒真算得個「不亦快哉」。不過中學擔課怕忙得很。至於寂寞，我實在有本領不怕。此孰吉孰凶，願因先生決之。

　　　　　　　　　　　　　　　　炳，八，一。

十二

啟明先生：

前日之來苦雨齋，是別有話說，座上有人，未說出。孔德學校，下學期，可由先生介紹給我月二三十元一教職否？（多了不要，少了也不成，最要緊的是一個「現」字）

我的性格不配像高爾該那樣做流氓，竊有意於老和尚「無罪而嘗謫居之月」。但我的謫居的心情似乎又是另外的一個。

炳，七，五。

十三

苦雨翁璽：

相片收到了。近日精力又似很健，中間疲乏了一些日子。沈鍾四君子我現在知道得很深，他們對於我也十分相愛。君培前幾天寫信給我，說他為一個「東西」所苦，我回信很是安慰他，說我也始終是為一個一個的東西苦著，有這樣的話──

真實的生活不是一個慷慨的施捨，而是一筆一筆的還債，還債的時候總是有點吝，捨不得，但這樣的結果是自由了。施捨者，始終與自己不相干，他不是「貧窮」是什麼？

又有云：

　　蜻蜓點水似的過生活的人，生活將過去了，他何所苦樂？步步踏實的人才真有所造化，到得他的法眼，蜻蜓點水那也就真美了。

又有云：

　　「人生雖短而藝術則長」，然而，短的人生，也應該有五十歲月，而我同剛剛到了一半，這一半裏頭又做了一半的小孩，緊要的日子在今日以後耳。若今日以前向我們大要成熟，豈不滑稽哉，非愚則妄也。

　　煒謨是我輩中很懂得道理的一位，與我很談得來，他的遭遇又不大好，還能抖擻精神，大有所作為，今天我忽然寫這幾句話給他——

　　孟夫子曰：天之將降大任於斯人也，必先苦其心志，勞其筋骨，餓其體膚，空乏其身，行拂亂其所為，所以動心忍性，增益其所不能也。（話或者記錯了一點也未可知，但我覺得有意義的是動心忍性四個字。）（按：括弧內的文字原件寫在上邊空白處，無括弧。）

　　從你我看來，這分明是一個事實，謹以恭喜。然而，這兩個字殊寫得滑稽，頗苦，我們豈僥倖這個哉？然而，士不可以不弘毅，任重而道遠。近來很懂得一個「忠」字。

　　聖人的道理都是對的。但生活在我們今日這個社會裏頭又另外要有一副流氓本領才最佔便宜。何況聖人本已懂得這個，孔子曰：吾少也賤，故多能鄙事。

　　煒謨他最可憐的地方就在於缺少這個本領，然而他也就最可愛了。觀此，翁亦可以知道小子的圍牆近來是建築得如何鞏固了。然而，還有點不敢包票，怕「魔鬼」的不聽吩咐。我所謂的魔鬼，只是吳稚暉老頭子開口就是的那兩個字。若我也活活的被他逼死了，那真是太滑稽了，悲哀亦無加於此也。小子有何力量哉？所以我不敢學聖人的話：天之未喪斯文也，匡人其如予何！此刻吃了午飯，本是打算做文章，卻忍不住要寫這封信與翁。

廢，十，十。

十四

苦雨翁璽：

　　我向來有一種毛病，有時忽然間看一切的文字都沒有意思，幾乎是白紙黑字，要好幾天又能復原，近日又如此，只是不如從前煩悶，悠遊之本領似高，惟《駱駝草》的稿子無有，不免著急，苦了。昨日打電話耀辰先生，他也說難，奈何？我平常作文，總要字字自己喜歡，字字有內容，敷衍則天地皆非，簡直是一個致命傷。好在自己又能忍耐。近日又特別想像得各種好文章在那裏，對於生活又特別能「遊戲」。幾乎望到我佛如來那裏去了。

廢，十月二十二日

十五

苦雨翁璽：

今早發一信，把日子都記錯了。青島這地方很好，想在這裏住它一個春天，刻寫一信給平伯，請他或由他另約幾位與楊振聲之有交情者共同寫一信與楊替我謀三四點鐘功課，不知如何，請翁就近向平伯打聽一下。我寫給平伯的信是由清華大學轉，當能收到。

廢　一月十二日夜。

來信寄青島鐵路中學修古藩轉。

我本想到上海去，但又怕同李老闆買賣做不成，如果這裏實在留我不住，那就自然而然的扯起順風篷走了。

十六

苦雨翁座右：

近日窗下作〈芭蕉夢〉，蓋係題目之總名，篇幅諒都短，尚不知成功如何，惟已覺葉大如船，有瀟瀟雨意，是暑假之佳兆，或可不常出屋耳。此夢大概是什剎海之所得。

廢，「五卅」。

十七

苦雨翁座右：

開明掛號信送到。旋又由郵差遞到手札矣，歡喜無量，今日擬寫了送去。昨日小雪，懶得上東安市場，乃提壺到馬神廟小鋪打二兩白乾喝之。今日放晴，旭日上窗，尚眠未起也。故雪雖不能一尺，亦有紅日三丈之妙也。開明板稅係由該北平分局劃付，這封掛號信寄來的即是，雖稍遲數日，卻不貼匯水，故亦可喜也。板稅摺云另掛號寄來，所以日內再有掛號來時，無須遣人送來，等衲隨便那一天自來拿可也。

廢　二十二日。

十八

知堂師尊鑒：

諭敬悉。淮特自然史在此，下次來庵時帶來。昨日曾往北大醫院檢查，據診斷係腸胃出血，惟尚不能斷定出自何部分，醫意最好能住院數日檢查清楚，當時未能聽從，因小孩在家不能自己照料也。醫亦不十分堅持，現在大約已不出血了，稍加休息或可漸復原。在面色發白與發腫前，大便深黑色，有兩三日之久，後乃心跳氣喘，現在這些情形都好了。

匆匆敬叩

道安

學生文炳　十二月廿八日

十九

苦雨翁座右：

　　袁公也願得沈二先生之字，彼云愛其「瀟灑」，可惜那一張淡墨的已歸衲所有，袁公只能得那一張較規矩的耳。

　　　　　　　　　　　　　　　廢　二十一日晚

二十

苦雨翁座右：

　　剛才發一信。忘了一句話，袁公字「嘉華」，而「家驊」乃其名，彼初無此分別，現在則確有此分別也。

　　　　　　　　　　　　　廢　六月二十一日晚

二十一

豈老尊前：

　　頃定於今日下午由平漢路南歸，約二月二十五日左右由家回北平來。昨日得鄉間來信，漢潯間江輪仍可行，惟夜間不開行，白天始行耳。

　　　敬叩
道安

　　　　　　　　　　　　廢　一月二十二日晨

二十二

知堂師座右：

　　昨日信想已到。平伯亦有信去相告。家中係定□□□
　　今晨《風雨談》得讀朱公一文，剪呈先生一覽。該公大
約開始受軍訓，太陽曬不了□□借大樹乘陰，亦即是拖人下
水，此亦幽默也。昨□與城北公夜談，無非是一些誇大的話，
結論有□□拔一毛而可以利天下，則一毛亦不憂愁，且有幸
□□私心，此亦一幽默乎？日前寫一首詩寄卞之琳，又前星
期日來茶廠時出護國寺西口成一詩，□□先生一笑。〈街頭〉
一作不知寫得像摩登詩人的詩否？□□想呈一看之，看我把
當時的情景寫出來了否？殊無□□□

學生　文炳　五月十一日

二十三

知堂師：

　　九日信今晨奉到。五日信則迄未到，不知何也。查莎氏
劇，Richard Ⅲ戰敗，死在 Basworth Field，但該劇中無 Wolsey
這個腳色，Richard Ⅲ死時亦無人嘆惜他的生平不義之處，
只在 Richmond（後來的 Henry Ⅶ）誓師時數出他的不義。
又查百科全書，有 Wolsey 其人，注明是 Cardinal and

statesmin，1475-1530，然而 Richard Ⅲ是 1452-1485，是後者死時前者僅十歲，不能由他嘆惜也。

學生文炳　四月十日

又，據莎氏戲序言，有拉丁劇本 Richardus Tertius，又有為 Qeen's players 所排的劇本 The True Tragedie of Richard Ⅲ。

莎氏戲 Richard Ⅱ與Ⅲ俱有，昨記其一而忘其二也。（按：此句原件寫在上邊空白處。）

<h2 align="center">二十四</h2>

知堂師座右：

in petto 是「在計畫中」的意思，茲從韋氏大字典中抄得它的注釋與舉例如下——

in petto，in one's own breast or private thought；in contemplation.

I have a good subject for a work of fiction in petto⋯

學生文炳　八日下午六時

（原載《魯迅研究月刊》2008 年第 10 期）

談廢名的一封殘簡

　　1949年2月，上海萬象圖書館出版了一本《作家書簡》（真跡影印），共收蔡元培、陳獨秀、魯迅、胡適、郭沫若、周作人、徐志摩、許廣平、陸小曼等七十四位現代文壇名家的往來書信八十餘通。除少數者外，這些書信多為「斷簡殘札」，大部分是編輯者虞山平衡（平襟亞）在「戊子孟冬，偶然於上海三馬路冷攤上」（〈卷頭語〉）購得的。內中收有廢名的一封殘簡，茲過錄於下：

　　　　這回想不到先生給了我一個煙士披里純寫了一篇長文章，雖見仁見知有不同，其同為正心誠意之處確是一樁大事，茲敬以呈教。此文在拙作中篇幅雖算長的，若較之先生之妙文章如〈怎樣洗煉白話入文〉至多亦不過相等，請准在《人間世》一次登完，千萬莫把他切斷，因為我本來只寫了兩千字的，而正在病中吐不過氣來還是要把他補成現在這樣的篇幅，（此話大有叫化子露出瘡腿來伸手乞憐的樣子，然而確是實在的陳情。）（按：括弧內一句為插入文字，書於上邊空白處。）是可見其有不可切斷之苦心焉，若稿費則無妨打折。是為私心所最禱祝者。久有一點意見想貢獻於左右，這回因為抄寫這篇稿子遂越發的感覺到，便是簡體字提倡也可不提倡也可，別人提倡也可而我們不提倡也可，我們如果偶然寫了幾篇紅紅綠綠的六朝那樣的文章，豈不是亦大快事，簡體字豈不大為之損色？不讀書的人豈能看得懂我們的文章？能讀書的人恐怕要討厭簡體字。故我以為簡體字者

非——林語堂先生主辦的雜誌所提倡之字也。實在簡體字者
徒不簡耳，不簡手而煩目耳。在字模子上無所謂繁簡，印出
來看在眼睛裏筆劃少而難認耳。愚見如此，不知先生以為何
如？中國目下的事情不在這些小事情上面，而我們的文章大
事更不在這些小事情上面。匆匆不悉。敬請
道安

廢名上言，三月十七日夜。

　　這封信無上款，編輯者也未注明收件人是誰，但根據信中「若
較之先生之妙文章如〈怎樣洗煉白話入文〉至多亦不過相等」一語，
可以斷定此信是寫給林語堂的。林語堂時為《人間世》半月刊主編，
〈怎樣洗煉白話入文〉係其所作，載《人間世》1934 年 10 月 5 日
第 13 期。至於這封信的寫作時間，當在 1935 年 3 月 17 日。

　　廢名說，「這回想不到先生給了我一個煙士披里純寫了一篇長
文章」。所謂「一篇長文章」，指的是〈關於派別〉一文，是廢名於
1935 年 3 月 13 日、14 日花兩天時間寫的，同年 4 月 20 日一次性
刊登在《人間世》第 26 期上。在〈關於派別〉開頭，廢名寫道：「林
語堂先生在《人間世》二十二期〈小品文之遺緒〉一文裏說知堂先
生是今日之公安，私見竊不能與林先生同。」由此可知，觸發廢名
「煙士披里純」（按：inspiration 之音譯，意為靈感）的，正是林語
堂的〈小品文之遺緒〉。林語堂在〈小品文之遺緒〉中說：

　　　　從前西瀅說過，現代白話文體分二大派，一以胡適之為
　　代表，一以周作人為代表。西瀅此話曾在那裏發表過，但我
　　只是由他口頭所來，現在也記不清他是如何說法了，姑就我

的見解說說。一人有一人之筆調，本難於分類，所謂二大派，亦只是就大體上分出而已。二者之中，也沒有什麼鴻溝。但此二大派之分法，都甚有意義，推之於古今中外之論文，皆可依此略分其派別出來。周作人不知在那裏說過，適之似公安，平伯廢名似竟陵，實在周作人才是公安，竟陵無異辭；公安竟陵皆須隸於一大派，而適之又應歸入別一系統中。愚見如此。

廢名不同意林語堂將周作人歸入公安派的做法，而把周作人的文章與陶淵明的詩相提並論，認為「知堂先生的散文行於今世，其『派別』也只好說是孤立，與陶詩是一個相似的情形」。「我覺得知堂先生的文章同公安諸人不是一個筆調，知堂先生沒有那些文采，興酣筆落的情形我想是沒有的，而此卻是公安及其他古今才士的特色。」〈關於派別〉本已於 13 日草就，可是廢名意猶未盡，雖「正在病中吐不過氣來」，但他第二天又一口氣續寫了較前文四倍多的篇幅，大談其關於《論語》的心解和對乃師周作人人品文品的看法。1934 年 7 月，廢名曾應林語堂邀請寫過一篇文章，題為〈知堂先生〉，刊在《人間世》第 13 期「今人志」欄目上。在這篇文章裏，廢名盛讚周作人是一個「唯物論者」、「躬行君子」，其待人接物行事總是「合禮」；還說「知堂先生的德行，與其說是倫理的，不如說是生物的」，「『漸近自然』四個字大約能以形容知堂先生」。在〈關於派別〉中，廢名對周作人依舊持同樣的態度和認知。他以周作人比附孔子，視周作人為「儒家」。在他看來，周作人有著和平的心境，持身抑或待人都很寬容，「很少有責備人的意思」。他的文章如同「知者之言」、「仁者之聲」，彌散著誠實、和悅、慈祥的空氣。

在對周作人作了一番贊詞之後，廢名陡然意識到「題目扯得太大」了，於是勒住馬韁，回歸本題，把文章的筆調分成三種類型：「一種是陶詩，不隔的，他自己知道；一種如知堂先生的散文，隔的，也自己知道；還有一種如公安派，文采多優，性靈溢露，寫時自己未必知道。」林語堂在編發〈關於派別〉時，特地附了一篇跋文，文中說：「吾讀此文甚得談道及聞道之樂，益發增吾歸北平之感。此文自有一番境界，恐非常人所易明白，且易啟誤會，非常人所易明白而吾仍必發表之，不得已也。」「知人論世，本來不易，識得知堂先生面目更非私淑先生而心地湛然者莫辦，廢名可謂識先生矣。」

廢名在致林語堂的信中，最有意思的是針對漢字簡化的問題發表了自己的「一點意見」。五四時期，以錢玄同為代表的激進主義者在廢滅漢字主張未能得到社會廣泛贊同後，又大力提倡漢字簡化，作為漢字最終改用拼音的第一步。1934 年 1 月 7 日，國語統一籌備委員會第二十九次常委會一致通過錢玄同的提案──《搜採固有而較適用的簡體字案》，並委託錢玄同負責搜採、編選簡體字表。在 1934 年大眾語論戰的推動下，簡化漢字運動真正進入了實質性階段。1935 年初，蔡元培、陳望道、邵力子、郭沫若、巴金、老舍、朱自清等兩百位文化教育界知名人士和小朋友社、太白社、中華教育社、文學社、譯文社等十五家雜誌社聯合組織、發起聲勢浩大的「手頭字」（即簡體字）運動，公開提倡和推行手頭字，並選定三百個手頭字作為「第一期推行的字彙」。手頭字運動在社會上產生了很大的影響，一些雜誌紛紛開始試用手頭字銅模澆鑄的鉛字排印。隨後不久，國民政府教育部便在錢玄同所編選的《簡體字譜》的基礎上，圈定三百二十四個字作為《第一批簡體字表》，於

1935 年 8 月 21 日明令正式公佈。主張漢字簡化者普遍認為，現行漢字筆劃太多，難寫費時，不適用，是學術上、教育上、文化上的大障礙；而簡化字，具有「簡」、「便」、「明」的優點，易識易寫，可提高書寫速度，更能夠普及到大眾。

此前，廢名對漢字問題也有所關注，而且零星表示過自己的一些看法。1932 年 4 月 6 日，他在為《周作人散文鈔》所寫的序文中曾說過，漢字之所以能「形成中國幾千年的文學」，是因為「有一個必然性在裏頭」，是由其獨特的性質所決定的。他認為，中國研究文字學的人應當認清漢字的歷史，不要把氣力花在「一個漢字拼音問題」上，而應當從文字音韻方面歸納出一個定則來，這樣至少可以解決「今日的新詩的問題」。1933 年 2 月 1 日，他在給胡適的一封信中講過這樣的話：「天下事真是要試驗，單理論每容易違背事實，好比文字這件東西應該由象形而進化到拼音，然而中國方塊文字一直沿用到現在，因此而形成許多事實，現在主張改成拼音的人其實是很簡單的一個理論罷了。」（〈馮文炳信五通〉，《胡適遺稿及秘藏書信》第 36 卷，黃山書社 1994 年版）在寫給林語堂的這封信當中，廢名站在「讀書人」的立場上，對簡體字抱著一種「提倡也可不提倡也可」的兩可態度。林語堂雖然不是手頭字運動發起人，但他一直是漢字簡化的積極鼓動者。他曾寫過一篇〈提倡俗字〉的文章（載《論語》半月刊 1933 年 11 月 16 日第 29 期），力倡俗字（其實就是簡體字），並主持《論語》半月刊「俗字討論欄」，號召天下有識之士共同探討俗字的製作方法及其運用。林語堂認為：「今日漢字打不倒，亦不必打倒，由是漢字之改革，乃成一切要問題。如何使筆墨減少，書寫省便，乃一刻不容緩問題。」由繁到簡，畢竟是漢字演變、發展的歷史總趨勢。廢名並沒有完全拒斥漢字簡

化乃至拼音化，他與後來下跪請求中央政府廢止簡體字的頑固保守者們是有本質區別的。在廢名看來，字模子無所謂繁簡，簡體字既「不簡手」又「煩目」。簡體字因筆劃少，反倒成了習慣於繁體字的「能讀書的人」閱讀上的障礙。更為重要的是，字體的繁簡與文章本身的高下優劣並無直接關聯。況且，同「中國目下的事情」和「我們的文章大事」相比，漢字簡化問題，只不過是一樁「小事情」而已。現今國人如此大規模地提倡漢字簡化，實有避大趨小、捨本逐末之嫌。因此，他借投稿之機順便「上言」，進勸林語堂不要在其主辦的雜誌上運用簡體字排印。

五十年代初期，國內報刊開始試用簡體字的時候，廢名是舉雙手贊成的。這是後話，也超出了本文討論的範圍，恕不贅言。

（原載《書屋》2007 年第 2 期）

廢名的幾副對聯

　　湖北黃梅素有「楹聯之鄉」的美譽。作為黃梅之子的廢名，深受故鄉傳統文化的薰染，除創作了一些風格特異的詩文外，還撰有不少對聯。今擇其數副，以饗讀者。

> 微言欣其知之為誨
>
> 道心惻於人不勝天

　　這是廢名書贈乃師周作人的一副對聯。廢名是周作人的得意弟子，也是周作人難得的知音。他以欣羨的眼光和善意的態度看待周作人的「歷史宿命論」，相當中肯地道出了周作人的人品和文品。周作人曾在〈藥味集序〉中不無感慨地說過，「拙文貌似閒適，往往誤人，唯一二舊友知其苦味，廢名昔日文中曾略約說及」（《古今》1942 年 7 月第 5 期）。1932 年 3 月 24 日，周作人在寫給沈啟无的信中說：「廢名君近來大撰其聯語，且寫以送人，右聯即係送給不佞者也，大有竟陵氣，亦覺別致，只是未免過獎耳。」（〈與沈啟无君書二十五通〉，《周作人書信》，青光書局 1933 年 7 月版）1943 年，周作人極為想念遠在黃梅鄉間的廢名，寫了一篇〈懷廢名〉（後作為附錄，收入馮文炳《談新詩》，北平新民印書館 1944 年 11 月版），文末特抄錄此聯，並說：「廢名所贊雖是過量，他實在是知道我的意思之一人，現在想起來，不但有今昔之感，亦覺得至可懷念也。」（《古今》1943 年 4 月 16 日第 20、21 期合刊）同年 11 月 1 日，周作人將此聯手跡連同廢名贈呈他的兩張照片，刊登在

《藝文雜誌》第 1 卷第 5 期上。由此可見，周作人對這副對聯是
十分珍愛的。

> 高山流水不朽
> 物是人非可悲

1932 年 7 月 20 日，卜居北平西山的廢名接到劉天華死去的訃
告。劉天華（1895-1932），江蘇江陰人，劉半農的弟弟，作曲家、
演奏家和音樂教育家。1922 年至北京大學音樂研究會（後改名音
樂傳習所）教授琵琶，並兼教於北京女子高等師範音樂科和北京藝
術專門學校音樂系。1932 年 5 月 31 日不幸染猩紅熱病，於 6 月 8
日去世，年僅三十七歲。廢名雖然「不知道劉君」，但仍然「頗有
興致來吊一吊琴師」，因為「自古看竹不問主人，『君善笛請為我一
奏』，千載下不禁神往也」（廢名《今年的暑假》，《現代》1932 年 9
月 1 日第 1 卷第 5 期）。他化用春秋時期伯牙與鍾子期的故事，作
此挽聯，以示自己對劉君的敬仰與哀悼。

> 此人只好彩筆成夢
> 為君應是曇花招魂

這是廢名為梁遇春所作的一副挽聯。梁遇春（1906-1932），筆
名秋心、馭聰等，福建閩侯人，現代散文家。1924 年入北京大學
英文系，是廢名的同班同學。1928 年秋畢業，曾到上海暨南大學
任教。翌年，返回北京大學，在圖書館工作。1932 年 6 月 25 日，
同劉天華一樣，也是患急性猩紅熱病故的。1931 年 11 月 19 日，
徐志摩遇難後，梁遇春曾作一篇悼文〈Kissing The Fire〉（即〈吻
火〉），備受廢名稱讚。因了這篇短短的文章，梁遇春硬要廢名送點

禮物做紀念，廢名就把一支刻有「從此燈前有得失，不比酒後是文章」的稿筆送給了他。沒想到，幾個月後，梁遇春即英年早逝了。梁遇春的逝世，對廢名的打擊甚大，他在很長一段時間內一直沉浸在失去摯友的哀痛中。7 月 5 日，廢名應天津《大公報・文學副刊》之約，寫了一篇〈悼秋心（梁遇春君）〉。他說：「秋心君於六月二十五日以猩紅熱病故，在我這是感到一個損失。」又說：「秋心君的才華正是雨後春筍，加之他為人平凡與切實的美德，而我又相知最深，哀矣吾友。」（《大公報・文學副刊》1932 年 7 月 11 日第 236 期）7 月 9 日，廢名與蔣夢麟、胡適、周作人、葉公超等人發起召開梁遇春追悼會，在北京大學第二院舉行。不久，廢名返回西山。7 月 17 日，周作人在寫給施蟄存信中說：「秋心（梁遇春）病故，亦文壇一損失，廢名與之最稔，因此大為頹喪，現又上山修養去，一時或不寫文章也。」（《知堂書信》，華夏出版社 1994 年版）據沈啟无講，廢名曾將梁遇春的遺札裝訂成冊（見沈啟无〈「露」後記〉，《水邊》，新民印書館 1944 年 4 月版）。後來又編輯、出版梁遇春的遺著《淚與笑》（開明書店 1934 年 6 月版），並在「屢次提起筆來又擱起」之後，終於寫就一篇情真意切的序文。序文中，廢名說：「秋心之死，第一回給了我喪友的經驗。」同時，廢名對梁遇春的文學才華和散文成就給予了很高的評價。他認為梁遇春「文思如星珠串天，處處閃眼」，他的散文是「新文學當中的六朝文」，具有「玲瓏多態，繁華足媚」的特色。在提到為梁遇春所撰的這副挽聯時，廢名說他「即今思之尚不失為我所獻於秋心之死一份美麗的禮物」（1932 年 12 月 8 日作，載《現代》1933 年 3 月 1 日第 2 卷第 5 期，題為〈秋心遺著序〉，後作為「序一」收入《淚與笑》）。

可愛春在一古樹
相喜年來寸心知

　　這副對聯見於廢名為俞平伯《古槐夢遇》所作的〈小引〉:「我
曾有贈師兄一聯,其文曰:『可愛春在一古樹,相喜年來寸心知』,
此一棵樹,便是《古槐夢遇》之古槐也。記不清在那一年,但一定
是我第一次往平伯家裏訪平伯,別的什麼也都不記得,只是平伯送
我出大門的時候,指了一棵槐樹我看,並說此樹比此屋還老,這個
情景我總是記得,而且常常對這棵樹起一種憧憬。等待要我把這憧
憬寫給你們看時,則我就覺得我的那對子上句做得很好。」(《古槐
夢遇》,上海世界書局 1936 年 1 月版)周作人有「四大弟子」,俞
平伯是大弟子,生於 1900 年,比廢名大一歲,是廢名的師兄。俞
平伯出身於世代書香門第,其祖父是清代經學大師俞樾,著有《春
在堂全書》等,「春在堂」是其齋堂名。俞平伯曾將周作人寫給他
的書札裱成三冊,題為《春在堂所藏苦雨齋尺牘》,並請廢名作跋。
俞家老宅在北京東城老君堂七十七號,是一座四合院,進大門左
邊有三間坐北朝南的屋子,屋前有一棵古槐樹。俞平伯因之將其
書齋名為「古槐書屋」。表面看來,此聯是寫樹,實際上是寫人;
既寫出了俞氏家學淵源的深厚,也道出了廢名對師兄手足般深摯
的情誼。正如廢名自己所說的:「天下未必有那樣有情的一棵樹,
其緣分總在這兩個人。說起來生怕人家見笑似的,說我們有頭巾
氣,自從同平伯認識以來,對於他我簡直還有一個兄弟的情懷。」
(同上)

看得梅花忘卻月
可憐人影不知香

此聯是廢名寫給好友鶴西的，聯上且有題記：「人道同衾還隔夢，世間只有情難懂。然則必有異夢而同者矣，斯則可悲。」（鶴西〈序〉，《紡紙記》，珠海出版社 1997 版）鶴西（1908-1999），原名程侃聲，湖北安陸人，現代作家，著名的水稻種質資源專家。1927 年，考入北平大學農學院農學系。後因北平大學改組停課，在孔德學校當圖書管理員，並與時在該校任課的廢名相識。此後，二人常相過從，談詩論文，結為至交。到現在，廢名的後人處還保存著鶴西寄給廢名的〈行路〉、〈雁〉、〈學語〉等三篇文稿原件，都是用鋼筆書寫在卡片上，有的在標題下鈐有「門外行者」的條形朱文閒章。據鶴西回憶，廢名的字寫得並不好，但他還是裝裱了起來。他說廢名送給他的這副充滿禪意的對聯，「後來在我的生活中有點近於詩讖」（〈懷廢名〉，《新文學史料》1987 年第 3 期）。

卞之琳曾說過，廢名「好像與人落落寡合，實際上是熱腸人。……他雖然私下愛談禪論道，卻是人情味十足」（〈《馮文炳[廢名]選》集序〉，《新文學史料》1984 年第 2 期）透過以上幾副對聯，我們不僅可以看出廢名與周作人、梁遇春、俞平伯、鶴西等人之間的關係，更可以看出廢名的確是一位「人情味十足」的「熱腸人」。

附記

此文是十二年前的舊作，僅介紹了廢名的五副對聯。據我所知，廢名所撰的對聯還有一些。如他送給徐祖正的聯語是：「萬竹欲掃明月意，一樹不說梅花心。」（見鶴西〈懷廢名〉，《新文學史料》1987 年第 3 期）1934 年，劉半農病逝，廢名作了兩副輓聯，

一是「學問文章空有定論，聲音笑貌愈覺親切」；一是「脫俗尚不在其風雅，歿世而能稱其德行」（見廢名〈關於派別〉，《人間世》1935 年 4 月 20 日第 2 期）。1935 年，曾樸逝世後，廢名作的挽聯是：「名下士無虛擅文章仕學兼優丕顯哉遠紹南豐遺緒，小說林有幾真美善父子合作今去也共悼東亞病夫。」（見《宇宙風》1935 年 10 月 1 日第 2 期）抗戰前，黃梅石薔園老人七十大壽，廢名特地從北平寄一賀聯：「塞外風雲天高承露百尺塔，歲寒松柏春餘幸草六卷詩。」（見馮健男《我的叔父廢名》，接力出版社 1995 年版）避難黃梅期間，廢名所作的對聯流傳下來的至少有兩副，即「此老為栽花養鶴之客，這時離人間地獄而歸」和「萬紫千紅不外明燈一盞，高雲皓月也都在破衲半山」（見《莫須有先生坐飛機以後》第十二章〈這一章說到寫春聯〉，《文學雜誌》1948 年 6 月 1 日第 3 卷第 1 期）前者是廢名為戰時餓死的一位族叔而作的輓聯，後者是他 1940 年春節前應紫雲閣道姑之請所作的春聯。

（原載《黃岡日報》1997 年 9 月 14 日第 4 版）

廢名題紫雲閣對聯詮解

　　1939 年陰曆年底，廢名從龍錫橋回縣城老家，去看望留守家宅看護家族產業的老父親。老父親為避日本兵襲擾，寄住在離縣城一兩里路遠的一名為紫雲閣的廟裏。廢名陪伴老父親在紫雲閣住了幾日。在這裏，應紫雲閣道姑的索求，為紫雲閣寫了一副對聯，也是春聯：

　　萬紫千紅皆不外明燈一盞
　　高雲皓月也都在破衲半山

　　所謂「萬紫千紅」就是大千世界，包括外在現象如色聲香味觸等──目觸之成色，耳受之成聲，鼻嗅之有香，口吻之生味，身接之成觸；冷熱是為溫度，厚薄是為厚度，剛柔是為硬度……以及內在現象如痛楚舒暢愜意不適好惡離就等意識，這些所構成的就是大千世界。用佛教術語來說就是「色」。佛教稱「色空」，就是說色無自性，是緣起有，即是假有。空宗以為緣起有是眾緣和合生起而有，而生起而有的那些緣本身亦空。廢名是有宗，認為緣起之緣還是有的，這就是「明燈」。「明燈」是譬，究竟何指？在禪宗那兒是心，清淨心，或是佛性、真如，這都是指的同一個東西。在法相唯識宗那兒是第八識，即阿賴耶識。在當代新儒學大家熊十力那兒，指生生不息之流，即大易。熊十力由佛入儒，以儒學會通佛學，主要是以大易證得阿賴耶識。廢名則名之曰「理智」。「理智」者何？「理智是神，世界便是這個神造的。佛教說，『譬工幻師，造種種幻』，便是這個意思。世界是『理』，不是『物』。因為是『理』，所以凡

屬世界上的事實無不可以理說得通。因為不是『物』，所以唯獨世人執著的物乃於理說不通了……」。「什麼都是理智的化身，誰都是理智的化身……」。「理智是一切。一切都是理智假造的了。」（〈第十三章　民國庚辰元旦〉，《文學雜誌》1948 年 7 月 1 日第 3 卷第 2 期）這說得再清楚不過。

《莫須有先生坐飛機以後》第十七章〈莫須有先生動手著論〉（《文學雜誌》1948 年 11 月 1 日第 3 卷第 6 期），廢名自述其寫作《阿賴耶識論》的情形。曲終奏雅，廢名明確提出阿賴耶識是世界的本原，即是生起「萬紫千紅」之緣。因此，究其實，所謂「理智」，便是阿賴耶識，亦即種子。大千世界，萬紫千紅，林林總總，形形色色，皆是阿賴耶識的變現。這是佛教關於世界存在的本質，以及世界結構的一般認識。

再說下聯：「高雲皓月」是境界論。高雲皓月指稱的就是清淨清涼的境界，是涅槃的境界，佛教徒追求的成佛涅槃的終極境界。這種涅槃之境，不是外境，而是覺者的內心之境。一念迷則凡，一念覺則佛；前念迷則凡，後念覺則佛。佛心、真如不必外求，自心求證體悟便得。「破衲」、「半山」是佛教徒的標誌，是外在標誌，更是指禮佛之誠心。一念無明，比丘亦凡夫；當下證悟，一闡提即佛。譬如當下之際，紫雲閣中，馮老太爺生命已趨老境，而「家庭經寇亂，一空如洗」，子孫蕃衍，卻時屆除夜新年，仍四散於外，而他自超然物遠，「天鈞泰然」，「確是沒有思慮，天鈞泰然，他說他無憂了。」馮老太爺已屆高雲皓月之境。相形之下，紫雲閣的道姑，身衣緇衣，卻全然是一個世俗之人，廢名枉稱空前的大佛教徒，已覺覺人的覺者，對這等自性癡迷的人，也感到她既無禮佛之誠，佛亦不知怎樣度她了！

　　如果說上聯是關於世界的存在論、構成論，這下聯則是解脫論。解脫的法門是證悟自身的真如佛性。

　　對於有一定佛學修養的人來說，這副聯語其中蘊涵的佛理平常易懂，因為它是佛學常談。但我又恐怕對於那些執著佛理而不能破執去迷的人來說，該聯上下聯合為一聯，它可能又叫他們似懂非懂了（相反，對全然不了佛理的人來說倒無此障）。蓋一聯之中，上聯出以法相唯識理路，下聯則入於禪宗佛性解脫論。未嘗判教，卻參商並置，熔鑄一體。事實上，我這裏的杞憂，其根據是我自身的體會。我對佛學和廢名都是一知半解，瞭解到一些論者主張廢名創作同禪學的關係，我於是循此理路來閱讀廢名，結果體驗到頗多難與外人道的扞格之處。根據我的認識，廢名佛學思想的真實面貌是禪宗與唯識論相兼，而且是以唯識論為主。若執著於禪宗一端，恐怕對紫雲閣的這副對聯都不能解釋哩！

　　（原載《抗戰時期廢名論》，華中師範大學出版社 2008 年 3 月版）

廢名的兩部魯迅研究專著

二十世紀五、六十年代，廢名在眼睛幾乎失明的情況下，花了大量時間和精力研究魯迅、講授魯迅，付出了常人難以想像的艱辛和毅力。除〈紀念魯迅〉（《長春》文學月刊 1956 年 10 月 1 日創刊號）、〈偉大的戰士──紀念魯迅逝世 25 周年〉（《長春日報》1961 年 10 月 19 日）、〈「孔乙己」講析〉（《吉林大學社會科學學報》1982 年第 6 期）、〈讀「論阿 Q」〉（未刊手稿）等多篇論文外，他還撰有兩部魯迅研究專著，一為《跟青年談魯迅》，一為《魯迅研究》。

1952 年，全國高等學校院系大調整，廢名由北京大學調到東北人民大學（後改為吉林大學），有半年多沒有分配工作。他利用這一段時間，潛心撰寫《跟青年談魯迅》（據中華人民共和國高等教育部科學研究司 1956 年編印的《全國高等學校已完成的重要科學研究題目彙編（第一集）》，原題似應為《跟青年談談魯迅》），至 1953 年 1 月 17 日脫稿。廢名曾將書稿交給學校，希望能夠作為輔助材料印發給青年教師和學生閱讀。他一直等待校方的答復。一天，他去學校開會，意外發現這部書稿竟然和其他資料一起亂堆在牆角邊。他撿起自己的書稿，拂去灰塵，帶回家。廢名一氣之下，把書稿寄給了時任中宣部副部長的胡喬木。沒想到，胡喬木很快回了信，認為這本書寫得很好，並推薦給中國青年出版社。1955 年 8 月，廢名對書稿作了全面的修改和補充。1956 年 7 月，《跟青年談魯迅》正式由中國青年出版社出版，第一次就印了二萬冊。同年 11 月，又加印了二萬冊。在那樣的年代，四萬冊的發行量應該是相當可觀的。

　　《跟青年談魯迅》計五萬六千字，共有十五章，即〈為什麼要研究魯迅和怎樣研究魯迅〉、〈魯迅的少年時代〉、〈魯迅在日本〉、〈辛亥革命〉、〈五四運動〉、〈魯迅的第一篇小說〉、〈分析「阿Q正傳」〉、〈魯迅怎樣寫雜感〉、〈魯迅的雜文是詩史〉、〈共產主義者的魯迅〉、〈魯迅與現實主義傳統〉、〈魯迅對文學形式和文學語言的貢獻〉、〈魯迅的藝術特點〉、〈魯迅怎樣對待文化遺產和民族形式〉和〈向魯迅學習〉。本書較全面地介紹了魯迅的生平、時代、思想、創作、現實主義精神、藝術成就，同時還就為什麼要研究魯迅、怎樣研究魯迅、向魯迅學習什麼等問題作了簡要說明。這是一部面向青年介紹魯迅的普及讀本，作者有意大量徵引魯迅的原文，「企圖讀者讀了這些引文，加以我們的說明，對魯迅可能有一個輪廓的認識，從而幫助讀者進一步去讀魯迅的作品」。

　　這部著作出版以後，在讀者中引起了一定的反響。據說，周作人曾寫信給廢名，稱廢名「寫得不對」（馮思純〈為人父，止於慈——紀念父親誕辰100周年〉，《新文學史料》2001年第2期）。不過，讀者中也有正面評價的。1962年，楊揚在《人民日報》上發表了一篇文章，談了他重讀《跟青年談魯迅》的印象。他說：「這書不是對魯迅的生活與創作作專門研究的論述，而只是向青年們作介紹，也就有點像剪影。這剪影把魯迅的為人及其作品勾出了樸素簡明的輪廓，是閱讀並研究魯迅作品的一本有益的入門書。」「作者馮文炳也許因為自己是較長一代知識份子中的過來人吧，所以他帶著那樣深切的感觸敘述了魯迅在過去時代的先進知識份子中突出的代表意義，特別是魯迅那樣堅決追求進步，探索救中國道路以至後來成長為共產主義戰士的過程。」他還說：「全書樸素明瞭，侃侃而談，容易為讀者所接受。有些解釋也較新穎，如關於女吊這

個形象在魯迅早期思想中的意義等頗能發人思考。」楊揚著重介紹
了《跟青年談魯迅》的主要觀點，同時指出：「這本書也顯得有點
鬆散、不夠謹嚴。書中引證多了一些，而作者的論點似乎還可以作
進一步的論證、分析與發揮。」(〈一幅引人的剪影——重讀《跟青
年談魯迅》〉，《人民日報》1962 年 9 月 28 日)

　　1955 年以後，廢名在吉林大學中文系連續開設了幾個學期的
「魯迅研究」專題課。《魯迅研究》就是在其講稿的基礎上寫成的。
這部著作完稿於 1960 年 8 月，除「引言」外，包括〈一　魯迅徹
底地反對封建文化〉、〈二　魯迅是最早對普通話最有貢獻的人〉、
〈三　魯迅期待炬火和自己不以導師自居〉、〈四　魯迅的政治路線
和文藝實踐〉、〈五　魯迅早期思想裏的矛盾和中國新民主主義革命
現實在魯迅作品中的反映〉、〈六　魯迅重視思想改造〉、〈七　魯迅
確信無產階級文學〉、〈八　魯迅的局限性的表現〉、〈九　「狂人日
記」〉、〈十　「藥」〉、〈十一　「阿Q正傳」〉、〈十二　「祝福」〉、
〈十三　「傷逝」〉和〈十四　學習魯迅和研究魯迅的方法〉等十
四章。其中，第九章、第十一章的部分內容分別在《長春》文學月
刊、《東北人民大學人文科學學報》上發表過。第九章、第十章曾
合題為《魯迅的小說》(內容略有不同)，作為東北人民大學 1957
～1958 學年第一學期教材之用。較之於《跟青年談魯迅》，《魯迅
研究》對魯迅的研究更為深入，理論色彩更為濃厚，是一部真正的
學術專著。這部著作在總體認識和看法上與《跟青年談魯迅》有一
貫處，但某些觀點也有所改變。

　　共和國時期，廢名只活了十七年。在這十七年裏，在大陸的魯
迅研究工作一方面取得了重大的進展，另一方面也遭到了前所未有
的曲折，隨著政治形勢的變化，魯迅研究漸漸走上模式化、公式化、

簡單化、庸俗化的歧路。身處特殊年代的廢名，當然不可能逃脫這一宿命。但是，在魯迅研究方面，廢名也於一片喧嘩聲中發出了富有個性化的不和諧之音。廢名認為，對魯迅所有的文章，「如果取絕對肯定的態度，首先就不合乎魯迅的精神」。「不認識魯迅早期思想上的局限性是沒有好處的」，「我們認清魯迅早期思想上的局限性，同時就是體會中國新民主主義革命的正確性」。廢名所謂魯迅早期思想的局限性具體表現在這幾個方面：魯迅是愛國主義者、民主主義者，不是革命民主主義者；魯迅反封建是徹底的，但反帝的思想還沒有明確起來；魯迅所反對的是封建社會的上層建築，而非其經濟基礎；魯迅是本著小資產階級即其「熟識的本階級」的利益說話的，沒有階級意識。

此外，廢名還認為：〈狂人日記〉「不是在十月革命的影響下創作的」；阿 Q 是「城街雇工」的典型；〈藥〉標誌著「中國的新文學確實站立起來了」；〈祝福〉是魯迅「表現在〈吶喊〉裏的樂觀空氣一掃而空的第一篇小說」；「魯迅的失業對『傷逝』有決定的影響」；〈傷逝〉在客觀上指出了兩條死路──「盲目的愛是沒有出路的，是死路；盲目的『求生』同樣沒有出路，是死路」，而且後者顯得更為重要等等。這些觀點即便是放在現在，也都是比較獨特而新穎的。

《魯迅研究》完稿後，廢名曾寄給了當時的中宣部副部長周揚，周揚又轉給了中國作家協會黨組書記邵荃麟。1961 年 8 月 29 日，邵荃麟致函廢名，充分肯定了廢名的魯迅研究工作。他說：「你是文藝界的前輩，對文藝研究工作，懷著如此巨大信心和興趣，令人鼓舞。讀了《魯迅研究》，可以看出你是花了不少精力，有你自己獨到的見解。某些論述，如關於魯迅重視思想改造，關於魯迅後

期思想的分析等，都寫得很好。」他認為值得商榷的是廢名對於魯迅五四時期思想的某些看法，特別是「對『五四』時期魯迅的徹底不妥協的反帝反封建的精神估計得過低了」。（〈關於魯迅從「五四」到 1927 年的思想——致《魯迅研究》作者馮文炳同志的信〉，《圖書館雜誌》1981 年第 1 期）在談了自己對五四時期到 1927 年間魯迅思想的看法之後，邵荃麟建議廢名修改後再考慮出版事。邵荃麟將書稿隨函寄還給了廢名。廢名給邵荃麟究竟回信沒有？他對邵荃麟意見有何反應？因囿於資料，不得而知。但可以肯定的是，廢名始終堅信自己的觀點，並未聽從邵荃麟的建議對其《魯迅研究》書稿進行修改。

「文革」開始以後，廢名把《魯迅研究》交給了學校。據廢名的兒子馮思純回憶，廢名「因癌症兩次手術後，身體十分虛弱，平時在家休養，基本上不去學校。有一天，他慢慢走到系裏去看大字報。當他看到貼在醒目位置上的一張題為「×××是狂熱地反對毛澤東思想的白旗」的大字報時，頓時火起，因為一看其內容就知道「×××」是指「馮文炳」。父親認為把他作為敵我矛盾來對待，是不公平的，是對他極大的污蔑。他立即返回家，抱起《魯迅研究》、《美學講義》和《毛澤東同志著作的語言是漢語語法的規範》等書稿，到吉林省委派駐吉大的臨時工作組去說理，並請他們將這些書稿轉交給省委，望省委主持公道，看看他究竟是反對毛澤東思想還是宣傳毛澤東思想的」（〈廢名在長春——紀念父親逝世四十周年〉，《黃岡師範學院學報》2007 年第 4 期）。「文革」結束以後，馮思純專程到吉林大學中文系尋找廢名失落的手稿，一位教師把他保存的《魯迅研究》通過中文系轉交給了馮思純。馮思純一度把書稿送給其堂兄、原河北師範大學教授馮健男。馮健男逝世後，這部

書稿又回到了馮思純手中。歷經劫難，幾經周轉，《魯迅研究》手稿居然能夠完好無損地存留下來，確乎是一個奇跡。這部手稿有290頁，約二十萬字，迄今尚未出版。

（原載《博覽群書》2009年第2期）

說說廢名的印章

廢名遺物中有九枚印章，僅印文為「廢名」的朱文方印就有兩枚。

（圖一）

廢名在《莫須有先生傳》第六章〈這一回講到三腳貓〉中說：「我的莫須有先生之璽，花了十塊左右請人刻了來，至今還沒有買印色，也沒有用處，太大了」（《駱駝草》週刊1930年7月21日第11期）。據鶴西（程侃聲）講，廢名曾書贈他一副對聯，即「看得梅花忘卻月，可憐人影不知香」，「上面蓋著他在《莫須有先生傳》裏說的請齊白石刻有『廢名』二字的莫須有先生之璽」（〈懷廢名〉，《新文學史料》1987年第3期）。齊白石（1864～1957），現代書畫篆刻家。初名純芝，字渭清，後更名璜，字瀕生，號白石。其刻印輯有《白石印草》、《白石山翁印存》等。廢名花十塊左右請他篆刻的「莫須有先生之璽」（圖一）係石質，邊款署陰文「白石」。在廢名發表《莫須有先生傳》第六章之前，1928年2月由古城書社編譯所出版的《桃園》版權頁上就鈐有這方名印。

（圖二）

　　周作人曾請人為廢名篆刻過兩枚印章。查《周作人日記》（大象出版社 1996 年版），1929 年 3 月 22 日，周作人赴琉璃廠「同古堂取廢名銀章」，當日「像記」欄內還鈐有此印（圖二）。第二天上午，廢名訪周作人，周作人「以銀印予之」。4 月 8 日，周作人又贈廢名印泥一盒，是他 7 日在富晉書莊花兩元買的。這枚銀印據說是周作人請張樾丞刻制的。張樾丞（1883-1961），名福蔭，以字行，河北新河人。曾在北京琉璃廠創設同古堂，以製作、出售銅墨盒為主業，兼營治印和古董買賣。「僅 1929 年到 1933 年，周作人就在同古堂刻制了各種材質的印章二十五枚。此外，他還經常代別人到同古堂治印，如廢名、羽太信子、川島等人的印章，均請張樾丞刻制。」（李蒙〈篆刻世家與羅格之印〉，《傳記文學》2004 年第 1 期）

（圖三）

　　1929 年 6 月 17 日，周作人日記云：下午「四時後至孔德，隅卿招飲，共來尹默、鳳舉、耀辰、幼漁、叔平、玄同、建功等十二人。叔平贈石經三幀，又所刻廢名印一方」。這枚「廢名」朱文方印（圖三）鈐在次日的「像記」欄內。叔平，即馬衡（1881～1955），馬裕藻的弟弟，時任故宮博物館副館長。馬衡精究金石六書，工篆隸，善治印，生前輯有《凡將齋印存》。他為廢名刻制的這方名印，廢名後人處未藏，說不定早已流落到民間某位藏家手裏。廢名 1929 年 6 月 13 日贈呈周作人照片（見〈廢名先生贈呈苦雨翁的照片及對聯〉，《藝文雜誌》1943 年 11 月 1 日第 1 卷第 5 期）、1932 年 12 月 10 日贈康嗣群《桃園》再版簽名本（陳子善藏）和 1947 年 6

月 16 日為黃裳題箋（據黃老賜筆者信，此題箋是其託靜遠即潘齊亮求得的），上面蓋的都是這方石質印鑒。

馮廢名 （圖四）

　　廢名原名馮文炳，廢名係其筆名，有不少人因此稱之為馮廢名。如：1935 年，女詩人徐芳在其畢業論文《中國新詩史》（臺北秀威資訊科技股份有限公司 2006 年版）中就直呼廢名為「馮廢名」；1937 年 2 月 21 日，曾指導過徐芳畢業論文的胡適選錄李商隱七言絕句〈嫦娥〉的時候，特加一注，說「馮廢名先生最賞識此詩」（見《寧鳴而死，不默而生》，胡適著，胡明主編，光明日報 1998 年版）；1941 年，噓噓館主（黃源）依周作人〈五十自壽詩〉韻作〈聞某老人榮任督辦戲和其舊作打油詩二首噓〉，中有「堪念最是廢名子」一句，並加注曰：「馮廢名曾在《人間世》大捧該老人，備五體投地之至，今日不知作何感想。」（見奔流新集之一《直入》，奔流社編，奔流社 1941 年版）迄今為止，尚未見到署名「馮廢名」的作品。1936 年，Harold Acton 和陳世驤合譯的《中國現代詩選》（*Modern Chinese Poetry*）由倫敦 Duckworth 公司出版，內中收有廢名的〈論現代詩〉（英譯題為 On Modern Poetry）和〈掐花〉（The Plucking of a Petal）、〈妝台〉（The Dressing-tabal）、〈海〉（The Sea）、〈花的哀怨〉（The complait of a Flower）等四首詩，都是署名「Fêng Fei-ming」。廢名大概也認可這個筆名，故專門請人刻了一枚木質、無邊朱文條印（圖四）。至於這枚印章出自何人之手，則不得而知。

（圖五）

「常出屋齋」是廢名的書齋名。關於這個書齋名的來歷，廢名在〈今年的暑假〉中說過：「前年冬去青島，在那裏住了三個月，慨然有歸與之情，而且決定命余西山之居為『常出屋齋』焉。亡友秋心君曾愛好我的齋名，與『十字街頭的塔』有同樣的妙處。我細想，確是不錯的。其實起名字的時候我並沒有想到許多，只是聽說古有田生，十年不出屋，我則常喜歡到馬路上走走，也比得上人家的開卷有得而已。」（《現代》1932 年 9 月第 1 卷第 5 期）在〈我怎樣讀《論語》〉中，他也說過：「我記得有一天我忽然有所得，替我的書齋起了一個名字，叫做『常出屋齋』，自己很是喜歡。因為我總喜歡在外面走路，無論山上，無論泉邊，無論僧伽藍，都有我的足跡，合乎陶淵明的『懷良辰以孤往』，或是『良辰入奇懷』，不在家裏伏案，而心裏總是有所得了。……我覺得『常出屋齋』的齋名很有趣味，進城時並請沈尹默先生替我寫了這四個字。後來我離開香山時，沈先生替我寫的這四個字我忘記取下，仍然掛在那貧家的壁上，至今想起不免動情。」（《民國日報・文藝》1948 年 6 月28 日第 132 期）這枚齋名印（圖五）是沈啟无託人為廢名篆刻的。沈啟无曾在〈刻印小記〉中說：「昔者莫須有先生（按：指廢名）隱居山中，名其齋曰常出屋齋，他殆真是常得閒步之趣也，所謂『落日西山，總無改於野草芳草的道上，我總是一個生意哩』。及至於後來我託人刻了一塊常出屋齋圖章送他，他卻不久又移到城裏住了。然而每逢下雨天，他仍是打一把傘悠然出門而去，真個是一個

行腳僧的風流。」（《人間世》1935 年 2 月 5 日第 21 期）沈啟无所託之人當是金禹民。金禹民（1906-1982），滿人，原名馬金澄，字宇民，後以金姓，改字禹民，曾師從壽石工，廣涉古璽漢印，擅長書法篆刻，有《金禹民印存》行世。他為廢名篆刻的「常出屋齋」也是朱文方印，石質，邊款署陰文「禹民」。

其他幾枚印章，除兩枚朱文方印（印文分別為「馮文炳」、「馮文炳印」）外，另有三枚閒章。可惜那年赴濟南拜訪廢名哲嗣馮思純先生，未一一複製印樣。不然的話，也可以在這裏一併說一說的。

（原載《中國社會科學院報》2009 年 5 月 5 日第 57 期第 12 版）

關於《廢名年譜》

　　拙編《廢名年譜》出版後，所聽到的大都是一些過譽之詞。偶見孫玉蓉先生〈讀《廢名年譜》札記〉（《魯迅研究月刊》2005 年第 8 期），內心頗感喜悅。孫先生花費大量的時間和精力為《廢名年譜》「補正和指謬」，實在令人感莫可言，又談何「諒解」！既然本著「為使《廢名年譜》更加完善」的誠意，又怎麼說是「吹毛求疵」呢？

　　因種種原因，導致《廢名年譜》存在著「體例略有不統一之處」、「與譜主相關的人物，偶有名和字混用的現象」、重複記事、筆誤等毛病。除孫先生在文中所提到的幾處外，我自己也發現了不少（包括誤植、錯排現象）。至於「因資料欠缺造成的遺漏」現象，則更是無可避免的了。年譜印行後，我也找到了〈芭蕉夢〉、〈行路〉二文，並陸續搜尋到廢名的佚作二十餘篇（首）。如：

　　　　〈「寂寞札記」附記〉，載《語絲》週刊 1927 年 4 月 30 日第 129 期，署名廢名。

　　　　〈無題〉（詩），見《胡適遺稿及秘藏書信》第 36 卷，黃山書社 1994 年版。

　　　　〈實錄〉（即〈四火〉修改稿），載《北新》半月刊 1930 年 1 月 1 日第 4 卷第 1、2 合期，署名廢名。

　　　　〈出門〉（詩），《益世報‧文學副刊》載 1935 年 5 月 1 日第 9 期，署名廢名。

　　　　〈講一句詩〉，載《平明日報‧星期藝文》1947 年 1 月

12 日第 3 期，署名廢名。

〈新詩講義——關於我自己的一章〉，載《民國日報‧文藝》1948 年 4 月 5 日第 120 期，署名廢名。

〈光榮而艱巨的任務必須完成〉，載 1956 年 2 月 18 日《吉林日報》，署名馮文炳。

〈紀念魯迅〉，載《長春》文學月刊 1956 年 10 月 1 日創刊號，署名馮文炳。

〈讀古書〉，載 1957 年 8 月 3 日《人民日報》，署名馮文炳。

〈必須做左派〉，載《長春》文學月刊 1957 年 10 月號，署名馮文炳。

〈偉大的文藝工農兵方向〉，載《長春》文學月刊 1958 年 1 月號，署名馮文炳。

〈迎新詞〉（詩），載 1958 年 1 月 1 日《長春日報》，署名馮文炳。

〈談談新詩〉，載《長春》文學月刊 1958 年 2 月號，署名馮文炳。

〈歡迎志願軍歸國〉（詩），載《長春》文學月刊 1958 年 5 月號，署名馮文炳。

〈語言學課程整改筆談〉，載《中國語文》1958 年 7 月號，署名馮文炳。

〈關於新民歌〉，載 1959 年 6 月 23 日《吉林日報》，署名馮文炳。

〈談「語不驚人死不休」〉，載《長春》文學月刊 1961 年 10 月號，署名馮文炳。

〈書信往來〉，載《長春》文學月刊 1962 年 2 月號，署名馮文炳。

〈我愛「枯木朽株齊努力」的形象〉，載《長春》文學月刊 1962 年 11 月號，署名馮文炳。

〈難忘的圖畫〉，載《長春》文學月刊 1963 年 1 月號，署名馮文炳。

〈著者附記〉（1928 年 8 月 11 日為《竹林的故事》再版所作，手稿）、《杜詩稿續》（寫於五十年代末，手稿）、〈魯迅期待炬火和自己不以導師自居〉（約寫於六十年代，手稿）、〈魯迅的政治路線和文藝實踐〉（約寫於六十年代，手稿）、《杜甫詩論》（完稿於 1963 年 8 月，手稿）等。

這些篇目，《廢名年譜》中均無相關記載，陳振國先生所編的《馮文炳研究資料》（海峽文藝出版社 1991 年 8 月版）中亦未見著錄。

拜讀孫先生大作之後，有幾個問題想作點說明，並冒昧向孫先生及大方之家求教。

一、關於〈一封信〉

孫先生說：「短篇小說〈一封信〉，寫作於 1922 年 9 月 22 日，發表在 1923 年 1 月 10 日《小說月報》第 14 卷第 1 號，編著者便是按發表時間入譜的。」這一說法值得商討。〈一封信〉是一篇書信體小說，文末所具的日期，應該是小說中的人物「喪我」給其朋友「碧生」寫信的時間，不能看成是廢名寫作〈一封信〉的時間。我之所以不敢貿然將〈一封信〉按此時間入譜，而把它視為「寫作時間無可稽考者」，正是基於這樣的考慮。

二、關於〈芭蕉夢〉

　　〈芭蕉夢〉（小引或楔子）寫成後，廢名並未直接交給楊振聲、沈從文，而是先寄給了胡適，同時附有一封短信（見《胡適遺稿及秘藏書信》第 36 卷，黃山書社 1994 年版，第 590 頁）：

> 適之先生：
>
> 　　今年我本來立了一個志，要寫一個一百回的小說，名曰「芭蕉夢」，後來看見「橋」已出版，不願意有一個半部的東西，於是又決定把「橋」續寫，「芭蕉夢」暫且不表了，當時卻寫好了一個小引，或者算得先生所說的小玩意兒，就送給先生拿去補白罷。
>
> 　　　　　　　　　　　　　　廢名敬上　　十五日

　　除後兩句外，信中的內容幾乎與孫先生所徵引廢名〈今年的暑假〉中的那段文字完全相同：「今年我立了一個志，要寫一個一百回的小說，名曰〈芭蕉夢〉，但只寫好了一個『楔子』。我的《橋》於四月間出版，這是一部小說的一半，出版後倒想把它續寫，不願意有這麼一個半部的東西，於是〈芭蕉夢〉暫且不表，我決定又來寫《橋》。」（《現代》1932 年 9 月第 1 卷第 5 期，作於 1932 年 7 月 20 日）廢名致胡適信是「15 日」寫的，「今年」指 1932 年（與〈今年的暑假〉中的「今年」同），具體月份當在 7 月前後。廢名將〈芭蕉夢〉的「小引」送給胡適，大概是想在他主編的雜誌上發表。至於是什麼雜誌（很有可能是《獨立評論》），胡適為何沒有刊

用，最後又怎麼會發表在《大公報‧文藝副刊》上（孫先生稱廢名是在《大公報‧文藝副刊》創刊滿月午宴上或之後將「楔子」交給楊、沈二人的，畢竟是一種「估計」），則因資料欠缺而不可知，只好期待時賢考證了。

1932 年 12 月 28 日，廢名在《紡紙記‧前記》中也表達了同樣的意思。他說《紡紙記》得三章後，於是改作〈芭蕉夢〉，「此〈芭蕉夢〉剛成一楔子，不過一千字而已，當時用了『奏本』謄寫了好幾通，分給幾個朋友看，恰好那時《橋》出版，一看是一個半部的東西而已，我還得來完成《橋》，〈芭蕉夢〉也只好不表了」（《新月》1933 年 3 月 1 日第 4 卷第 6 期）。從作者敘述的語氣來看，〈芭蕉夢〉的「小引」似完稿於《紡紙記》之後，《橋》（開明書店 1932年 4 月版）出版之前，故孫先生說是「4 月前後」。實際上，其完稿時間應在 5 月下旬，這有 1932 年 5 月 30 日廢名寫給周作人的信（手稿，廢名哲嗣馮思純先生提供）為證：

> 苦雨翁座右：
>
> > 近日窗下作〈芭蕉夢〉，蓋係題目之總名，篇幅諒都短，尚不知成功如何，惟已覺葉大如船，有瀟瀟雨意，是暑假之佳兆，或可不常出屋耳。此夢大概是什剎海之所得。
>
> > 廢，「五卅」。

對照原刊本，孫先生所引錄的「小引」中有幾處抄錯了。如：「夏夜夢的緣故」中的「緣故」應為「原故」；「好象北京的什剎海」、「好象坐在芭蕉窗下想心事」中的「好象」應為「好像」；「自然要接近天國的多」中的「的」應為「得」；「叫花子」應為「叫化子」；

「慢慢的又同我謹了許多話」中的「謹」應為「講」（繁體字「講」與「謹」字形相近；若是「謹」，則文意不通）。

三、關於《橋》（下部）

孫先生說：「長篇小說《橋》的下部，共寫了九章。自 1932 年 11 月起，廢名開始隨寫隨發表這些作品。1932 年 11 月 1 日，在《新月》雜誌第 4 卷第 5 期發表了第一章〈水上〉和第二章〈鑰匙〉。」這種說法似乎欠有根據。《橋》下部今存九章，前八章已發表。第九章〈蚌殼〉原擬發表在《文學雜誌》1937 年第 1 卷第 5 期，後因戰事起而未果。我在廢名哲嗣馮思純先生處見過第九章的清樣，也見過第一章和第二章的手稿。兩章合訂在一起，封面書有「橋（下）」的字樣，下方注明日期是「1932 年 7 月 28 日」，這要麼是一、二兩章開始寫作的時間，要麼就是其完稿的時間（這種可能性更大）。不過，據此推定廢名開始寫作《橋》下部的時間不會遲於 1932 年 7 月，應當不成問題。如果說《橋》的下部是從 1932 年 11 月開始隨寫隨發的，那問題就麻煩了，意味著在同一天，即 11 月 1 日，廢名寫成一、二兩章並發表在當天的《新月》雜誌上。這在印刷技術高度發達的今天，也堪稱神話。可見，孫先生的說法既不合乎情理，也與事實相左。

四、關於廢名致胡適信

《胡適來往書信選》中冊收有一封廢名致胡適的長信，信中進勸胡適不該擔任北京大學文學院院長一職。廢名說：

又有些日子未來聽清談，竊嘗以為晤談而能與人以樂，是特為老博士座上之風也。近日外面流傳北大文學院將要多事，而先生又聽說已到文學院視事，於是私心欲進一言。（《胡適來往書信選》中冊，中華書局 1979 年版，第 43～45 頁）

此信未具年月，只有「14 日夜」。孫先生認為：「根據廢名信中的內容分析，此信應該寫於『1930 年 12 月 14 日』。因為 1930 年 11 月 28 日，胡適為接任北京大學文學院院長兼中國文學系主任一職，從上海搬家到北平居住。此時廢名正在北大文學院中國文學系任教，講授散文習作和現代文藝等課程。因此，在 1930 年 12 月間，他不僅有與胡適晤談的機會，而且也有聽到外面流傳的有關北大文學院的一些議論的可能。出於對胡適的敬重和愛護，他才於 1930 年 12 月 14 日夜，給胡適寫了這封進言之信。」（〈讀《廢名年譜》札記〉，《魯迅研究月刊》2005 年第 8 期）《胡適來往書信選》的編選者所作的「此信約寫於 1931 年 2 月」的注釋，我認為是欠準確的，但對於孫先生「1930 年 12 月 14 日夜」的說法，我也實在不敢苟同。

1930 年 11 月 28 日，胡適離開上海，只是想重回北大任教（所謂「歸隊」），並非為了「接任北京大學文學院院長兼中國文學系主任一職」。同年 12 月，已辭去教育部長職務的蔣夢麟正式出任北大校長。1931 年 1 月底，蔣夢麟「決定用院長制」（《胡適日記全編（6）》，安徽教育出版社 2001 年 10 月版，第 51 頁），但在聘請誰來擔任北大文學院院長的問題上，則考慮了很長時間。他開始希望陳百年幹，陳不願意。胡適當然是最合適的人選，但胡適也高低不肯到文學院任職。是年 2 月 8 日，蔣夢麟在給胡適的信中說過，在

文學院院長「未覓得妥人以前」仍由他「暫行兼代」（同上，第54頁）。9月14日，北大新學期開學，胡適在日記中寫道：「夢麟與梅蓀（周炳琳）皆要我任北大文學院長，今天苦勸我，我不曾答應。」（同上，第152頁）1932年2月15日，胡適勉強接受文學院院長一職，開始到任主持工作（同上，第176頁），但不久後辭職。1934年2月21日、22日，蔣夢麟兩度上門勸胡適回任北大文學院院長，胡適堅決「不肯」，並說「我若不決心走開，此職終不能得人來做」（同上，第332頁）。直到1934年5月2日，胡適才「第一天到北大文學院復任院長」（順便一提：余英時先生在〈從《日記》看胡適的一生〉中說「文學院長一職是胡適自告奮勇，願意擔任的」，恐不確），並告訴來訪學生代表：「如果我認為必要，我願意兼做國文系主任。」（同上，第377頁）由此可見，1930年12月間，廢名是無理由給胡適寫什麼進言之信的。那麼，廢名致胡適的這封信到底是什麼時候寫的呢？

廢名信中的另一段話，或許可以幫助我們解開這一謎團：

> 　未開言又得分辨一句，若林損之徒應該開除，無須要別的證據，只看他胡亂寫的信便不像是讀書人，何能教書，故今之所言不指此。外面說北大又要開除某人某人，如真有此醞釀，在普通人為之，是一件小事，若先生也稍稍與其職責，真可謂之大事。割雞用牛刀，惹人注意也。

林損（1890-1940），字公鐸，浙江瑞安人，原為北大文學院教授，著有《政理古微》、《林公鐸詩集》等。此公生性孤高自負，固執怪癖，後因耽酒、好罵、不用功，由蔣夢麟出面辭退。林損便在北大張貼致蔣夢麟、胡適和學生的公開信，罵蔣夢麟「以無恥之心，

而行機變之巧」；罵胡適「尊拳毒手，其寓之於文字者微矣」（見張憲文整理〈林公鐸藏扎二十九通〉，《文獻》1992 年第 3 期），在《世界日報》發表的公開信中還說胡適「遺我一矢」（見周作人〈北大歸感錄（三）〉，《知堂回想錄》，香港天地圖書公司 1979 年版，第 487 頁）；在〈留別學生詩〉中稱自己「終讓魔欺佛」，罵蔣、胡二人「非獸復非禽」，連禽獸都不如。林損的行為既大失風度，也引起了公憤。故廢名說他胡亂寫信，「不像讀書人」。與林損同時被北大解聘的還有原國文系主任馬裕藻和許之衡二人。林損之事，發生在 1934 年 4 月間，同年 4 月 19 日，陳鍾凡由南京去信林損，即可證之。陳於信中云：「北平一晤。至感近懷。別後於 16 日抵京，閱滬報，知台從決辭北大教席，未識下季將設硯何許？」（見〈林公鐸藏扎二十九通〉）但不能據此認定廢名致胡適信就是 4 月份寫的。廢名在外面聽說北大「又要開除某人某人」，並非指林、馬、許諸人，而是指後來被解聘的梁宗岱、楊震文、陳同燮等人。這些人的名單，是 1934 年 5 月 30 日商定的（《胡適日記全編（6）》，第 388 頁）。此前，廢名當然「聽說」過胡適「已到文學院視事」，並對「又要開除某人某人」之小道消息有所耳聞。由此可以推斷，廢名致胡適信應該寫於 1934 年 4 月至 5 月間。

廢名在信中大談其對《論語》的新解，並說「拙作〈讀《論語》〉，曾蒙贊許，心竊喜之，尚思續有所作」。〈讀《論語》〉一文是 1934 年 4 月 20 日發表在《人間世》第 2 期上的。這也就從另一個側面證明了廢名給胡適寫信的時間是在 1934 年，而且是在 4 月 20 日以後。因此，我認為廢名致胡適信不是寫於「1930 年 12 月 14 日」，也不是寫於「1931 年 2 月 14 日」，而是寫於「1934 年 5 月 14 日」。

　　《胡適來往書信選》所收廢名致胡適進言信與原件文字略有出入，茲據原信影印件過錄於下（見《胡適遺稿及秘藏書信》第 36卷，黃山書社 1994 年版，第 586～589 頁）：

適之先生：

　　又有好些日子未來聽清談，竊嘗以為晤談而能與人以樂，是特為老博士座上之風也。近日外面流傳北大文學院將要多事，而先生又聽說已到文學院視事，於是私心欲進一言。對於天下一切之事，我似向不覺得有話可說，今番這件事對於我又好像是別人之家事，不該歸我談的，而我欲談，且樂於談，是敬重先生之故也。未開言又得分辨一句，若林損之徒應該開除，無須要別的證據，只看他胡亂寫的信便不像是讀書人，何能教書，故今之所言不指此。外面說北大又要開除某人某人，如真有此醞釀，在普通人為之，是一件小事，若先生也稍稍與其職責，真可謂之大事。割雞用牛刀，惹人注意也。說一句衷心之言，先生不應該擔任文學院長之職，天下人之事讓天下人去做，若大人者自己來做事，則一怒應該天下懼，那怕是一件小事也要關係十年的大計也。再說一句衷心之言，今日方方面面都缺乏人才，凡事都等於老爺換聽差而已。我自知，對於世事不無不恭之嫌，然而從此可以見我的一個最恭之意，即尊重先生個人地位之莊嚴是也。究竟此事的真相如何我一點也不知道，卻無原無故的動了向先生進言之誠，言又不足以達意，又自覺好笑了。總之今日之中國，一個學校的事情同國家外交內亂一樣的沒有辦法，區區之意願先生為道珍重而已。拙作〈讀《論語》〉，曾蒙贊

許，心竊喜之，尚思續有所作，惟最想做的恐怕反而做不好，因為《論語》最有意義的地方大約還不在我們今日有新解的章句，在乎很小的事情，卻可以見孔丘先生為人之真不可及，他隨在都合禮，最高的顏回尚只能「不違仁」而已。私意以為合禮須是不違仁的工夫做到平易自然的氣候。入太廟，每事問，他自己說是「禮也」，這個禮我還不怎麼懂得，想來總有道理。「子食於有喪者之側未嘗飽也」，「子於是日哭則不歌」，「子見齊衰者，冕衣裳者，與瞽者，見之，雖少必作，過之必趨」，這些地方都令我佩服，我們今日坐洋車，偶然也有一時的惻隱之心，孔子則「無終食之間違仁」，而自然一個從容有禮的氣象了。陳司敗問昭公知禮乎，他答曰知禮，不怕人家說他的話說錯了，這證之以《孟子》所載燔肉不至不稅冕而行，都可以見孔子的忠厚，也就是禮。原壤這個老頭子孔子要罵他幾句，互鄉童子與闕黨童子他都要見一見，孺悲他偏偏又故意不見，這些地方大約都是禮之所應爾，所以我們至今如見其人，只覺得他可愛，一點也不覺得他的脾氣不好。當時受之者我想也不怨他，只看他常常罵他的學生，當面說子貢不行，而學生都無怨言。他說，「年四十而見惡焉，其終也已，」大約他自己是能夠令人心悅誠服的人。待人之道，對人發脾氣而百世之下尚能令人懷想，有兩個地方我最喜歡，一個便是上面所說的孔丘，一個則是陶淵明。陶詩有云，「多謝諸少年，相知不忠厚，意氣傾人命，離隔復何有」，陶先生大概很受了少年人的氣，而他的這四句詩真是說得忠厚極了，世間的少年血氣方剛，自以為理直氣壯，白刃可蹈，那還有什麼不可同情的呢？拉雜寫來，遂

不能自己，不覺已夜深了。敬請

道安

廢名拜上　十四日夜

五、關於〈高潮到來了〉

廢名〈關於杜詩兩篇短文〉和〈高潮到來了〉以及喬象鍾〈對於「杜甫寫典型」一文的意見〉的出處，我的原稿都是對的，正式出版時卻莫名其妙地張冠李戴了。這雖然純係手民所為，但終歸是編著者的失誤。孫先生「查閱了1957年上半年的《人民日報》、《光明日報》和《文藝報》，均未找到〈高潮到來了〉這篇作品」，是因為這篇作品根本就沒有在以上三大報紙上發表，而是發表在 1957年5月8日的《吉林日報》。為了節省孫先生及研究者翻檢之勞，特將全文抄錄於下：

> 我這幾天一天天地變個樣兒，真像春天裏欲開未開的花一樣，現在快要開了，——就說開了吧！是的，應該當家作主，再也不要遲疑，有困難再克服。我說出「開了」二字，便表示我要訂計畫，訂兩個五年計劃，第一個五年寫一部長篇小說，第二個五年寫又一部長篇小說。中國古人造一個信實的「信」字道：「人言為信。」造吉祥的「吉」字道：「士口為吉。」我是一個守信的人，我又是一個知識份子，向來說話謹慎，何況在社會主義競賽當中我又懂得什麼叫做紀律，不是滿心歡喜，而又確有信心，不會像今天一樣報告一

枝花開的消息的。

　　我說信心，是我相信我國的文化建設高潮到來了。

　　我又確實感謝毛主席「百花齊放，百家爭鳴」的號召，毛主席好像知道我的心事似的，我這幾年來也好像合作化高潮以前一戶貧農要加入合作社一樣，很想搞創作，但得不到鼓勵，今天毛主席的號召鼓勵我了。

　　我的信心又確實從我個人的體會來的。幾年以來，我常常有一個疑問，「五四」新文學運動時，一時做新詩寫小說如雨後春筍，很有著朝氣，那還不過是一點自發勢力，並沒有得到社會的支持，我們現在黨和政府，還有廣大的讀者群眾，都那麼地愛護作家，希望作家，鼓勵作家，而我們的文藝，在毛主席「在延安文藝座談會上的講話」以後，呈一時之盛，打開了劃時代的方向和道路，全國解放後則作家創作遠遠落後於社會現實的發展，真真令人氣悶，是什麼原故呢？現在知道教條主義和宗派主義有一定的阻礙作用。又知道這種阻礙是暫時的，性急的人正是不懂得規律，在敵我矛盾基本上解決了的今天，矛盾是上層建築和基礎之間存在著，「百花齊放，百家爭鳴」的雨露就從天而降了，這就是社會主義經濟基礎之上培植起上層建築來，這是千載難逢的喜事，什麼力量將都發揮起來了，我們看吧！

　　整理史料是一項吃力不討好的工作。誠如孫先生在《俞平伯年譜》後記中所說的，本想「始終以『求全』為原則」，而「事實上『求全』是做不到的」；雖然「加倍地仔細和小心，恐怕仍難免有史實不當、記載有誤之處」（《俞平伯年譜》，天津人民出版社2001

年 1 月版，第 603～605 頁）。這是孫先生的苦衷，也是我的苦衷，恐怕也道出了眾多從事史料整理工作者的苦衷。為某一作家編寫一部盡如人意的年譜，單靠個人的力量顯然是不夠的，需要同行、專家、學者、讀者的幫助、補正和指謬，惟有如此，才有可能使其臻於完善。《廢名年譜》如有再版的機會，我一定會接受孫先生和各方面的高見，認真修訂和補充。

（原載《魯迅研究月刊》2006 年第 1 期；「關於廢名致胡適信」一節另載《長江學術》2006 年第 1 期，題為〈廢名致胡適信寫作時間考辨〉）

《廢名詩集》前言

廢名（1901-1967），原名馮勳北，字焱明，號蘊仲，學名馮文炳，筆名另有蘊是、病火、丁武、法、惠敏、非命、補白子等。湖北黃梅人。1922 年，考入北京大學預科，兩年後正式升入英國文學系。1929 年畢業，在北大國文系任教。抗戰期間，避難黃梅，一度任小學、中學教員。1946 年，重返北大，任中文系副教授、教授。1952 年，調至東北人民大學（今吉林大學）中文系。1956 年起兼任中文系主任。同年，加入中國作家協會。1959 年和 1963 年，先後當選為政協吉林省第二屆、第三屆委員會常務委員。1962 年，被選為吉林省文聯副主席。1967 年 9 月4 日，病逝於長春。

在現代文壇上，廢名是一位具有鮮明個性和獨立精神的作家、學者。其一生以 1949 年為界，可分為兩個時期。前期以文學創作為主，兼及詩學、佛學研究。主要有短篇小說集《竹林的故事》、《棗》、《桃園》，長篇小說《橋》、《莫須有先生傳》、《莫須有先生坐飛機以後》，詩論《談新詩》，佛學專著《阿賴耶識論》等。後期除少量創作外，主要從事學術研究，著有《古代的人民文藝──〈詩經〉講稿》、《杜詩講稿》、《跟青年談魯迅》、《魯迅研究》、《美學講義》、《新民歌講稿》等。

廢名以其風格特異的小說名世，但從本質上講，他乃是一位詩人。早在二十世紀二十年代，周作人就曾說過：「廢名君是詩人，雖然是做著小說。」（〈《桃園》跋〉，《桃園》上海開明書店 1928 年版）三十年代鶴西（程侃聲）也說廢名「到底還是詩人」（〈讀《橋》與

《莫須有先生傳》〉,《文學雜誌》1937 年 8 月 1 日第 1 卷第 4 期)。廢名是以新詩人的姿態步入文壇的,他最初發表的文學作品即是詩。他將詩的特質熔入小說創作之中,多用唐人寫絕句的手法,構築一方遠離塵囂、如詩如畫的鄉村世界,展現一種充滿詩意的人生形式。語言簡練,意境濃郁,富有田園風味和牧歌情調。他的小說不僅影響了沈從文等作家的創作,而且對卞之琳等詩人也產生了一定的影響。1937 年,孟實(朱光潛)就及時注意到了這一現象,他在為《橋》所寫的一篇書評中說《橋》「對於卞之琳一派新詩的影響似很顯著,雖然他們自己也許不承認」(〈橋〉,《文學雜誌》1937 年 7 月 1 日第 1 卷第 3 期)。晚年的卞之琳承認自己主要是從廢名的小說裏「得到讀詩的藝術享受」(〈《馮文炳選集》序〉,《新文學史料》1984 年第 2 期)。卞之琳 1930 年代中後期的詩歌在意象的營造、觀念化寫作方式等方面,與廢名小說確實存在著某些相通之處。

　　廢名生前公開發表的詩作不多(近六十首),可他寫的詩卻並不算少。1931 年 10 月 17 日,他曾在〈《天馬》詩集〉一文中說過:「我於今年 3 月成詩集曰《天馬》,計詩八十首⋯⋯今年 5 月成《鏡》,計詩四十首。」1958 年 1 月 16 日,他在〈談談新詩〉中寫道:「我從前也是寫過新詩的,在 1930 年寫得很不少,足足有二百首⋯⋯」1949 年以後,他用新民歌體創作了《歌頌篇三百首》,在報刊上發表過〈迎新詞〉、〈歡迎志願軍歸國〉等數首詩。由此可知,廢名至少有詩作五百首。這些詩歌除部分散佚者外,多數以手稿形式存留下來。

　　一個有趣的現象是:廢名重視自己的詩歌,遠勝於其小說。他講新詩,專門介紹過自己的詩歌創作。他將自己的詩歌與卞之琳、林庚、馮至等詩人相比,一面承認他們寫得好,「我是萬不能及的」;

一面又很自信地說：「我的詩也有他們所不能及的地方，即我的詩是天然的，是偶然的，是整個的不是零星的，不寫而還是詩的，他們則是詩人寫詩，以詩為事業，正如我寫小說。」「我的詩太沒有世間的色與香了，這是世人說它難懂之故。若就詩的完全性說，任何人的詩都不及它。」（〈新詩講義——關於我自己的一章〉，天津《民國日報‧文藝》1948年4月5日第120期）關於廢名的詩歌成就，向來是見仁見智，評說不一。卞之琳雖然承認廢名「應算詩人」，但他對廢名的詩評價不高，說「他的分行新詩裏，也自有些吉光片羽，思路難辨，層次欠明。他的詩，語言上古今甚至中外雜陳，未能化古化歐，多數場合詰屈聱牙，讀來不順，更少作為詩，儘管是自由詩，所應有的節奏感和旋律感」（〈《馮文炳選集》序〉，《新文學史料》1984年第2期）。臺灣詩人瘂弦則堅稱：「廢名的詩即使以今天最『前衛』的眼光來披閱，仍是第一流的，仍是最『現代的』。」（〈禪趣詩人廢名〉，《中國新詩研究》，臺灣洪範書店1982年版）

廢名的詩歌創作起於二十年代初，終於五十年代末。總的來講，二十年代的創作，如〈冬夜〉、〈小孩〉、〈磨麵的兒子〉、〈洋車夫的兒子〉等，偏向於寫實，比較容易讀懂。三十年代轉向現代派，詩思生澀，禪味甚濃，最難理解。抗戰以後，詩風稍趨閃露，如〈雞鳴〉、〈人類〉、〈真理〉、〈人生〉等。五十年代的詩作，則近於民歌體，內容清楚明白，無需解讀。因此，要解讀的是其三十年代的詩歌。這類詩歌代表著廢名詩歌創作的最高藝術成就，在中國現代派詩歌中可謂獨樹一幟。1947年，黃伯思（黃裳）曾指出：「我所有興趣的還是廢名在中國新詩上的功績，他開闢了一條新路……這是中國新詩近於禪的一路。」（〈關於廢名〉，《文藝春秋副刊》1947年3月15日第1卷第3期）

　　廢名的詩歌一如其小說，有的特別是三十年代的作品的確相當難懂。早在 1936 年，劉半農就說過：「廢名即馮文炳，有短詩數首，無一首可解。」（〈劉半農日記（1936 年 1 月 6 日）〉，《新文學史料》1991 年第 1 期）過了半個世紀，艾青也說廢名的詩「更難於捉摸」（〈中國新詩六十年〉，《艾青談詩》，花城出版社 1984 年版）。廢名的詩難懂，是指其詩懂之不易，要弄懂須花些功夫才行，並非說他的詩如有字天書，根本就不可解，無法懂。而一旦懂得，則會發現許多新奇的東西，令人驚歎，耐人回味。誠如朱光潛所言：「廢名先生的詩不容易懂，但是懂得之後，你也許要驚歎它真好。有些詩可以從文字本身去瞭解，有些詩非先瞭解作者不可。廢名先生富敏感而好苦思，有禪家與道人的風味。他的詩有一個深玄的背景，難懂的是這背景……無疑地，廢名所走的是一條窄路，但是每人都各走各的窄路，結果必有許多新奇的發見。最怕的是大家都走上同一條窄路。」（〈編輯後記〉，《文學雜誌》1937 年 6 月 1 日第 1 卷第 2 期）廢名曾說：「大凡想像豐富的詩人，其詩無有不晦澀的，而亦必有解人。」（〈講一句詩〉，北平《平明日報・星期藝文》1947 年 1 月 12 日第 3 期）這話雖然是針對李商隱及其詩歌而言的，但也可以看作是廢名的夫子自道。

　　從現有資料來看，廢名自編過三本詩集。第一本為《天馬》，第二本為《鏡》，第三本係前兩本之合集，較原來刪去了幾首詩，亦題名為《天馬》。這三本詩集，都未曾出版過。如今，《鏡》稿已發現，而兩本《天馬》仍下落不明。同為苦雨齋弟子的沈啟无（開元），在四十年代曾輯有《水邊》和《招隱集》兩本書，內中收有廢名的部分詩歌。《水邊》（朱英誕編校）1944 年 1 月由北平新民印書館印行，共收詩三十三首。全書分前後兩部。前部題曰「飛塵」，

計三輯，收廢名詩十六首。後部題曰「露」，所收的是開元自己的詩。沈啟无曾請朱英誕作了一篇序文（即〈水邊集序〉，載《文學集刊》1943 年 9 月第 1 輯），未用。《招隱集》1945 年 5 月由漢口大楚報社出版，係廢名的詩文合集，其中收詩十五首。平心而論，沈啟无本著友情編輯這兩本書，不能說毫無意義和價值，但是他對廢名的詩刪改較多，則有損廢名詩作的原貌。1985 年，馮健男應人民文學出版社之邀，編輯出版《馮文炳選集》，第二輯選編廢名詩歌二十八首，大多是據作者手稿排印的。1999 年，長江文藝出版社出版了一套《中國詩歌庫》，周良沛選編，其中第三集列有「廢名卷」，共收詩四十題五十三首。這是目前搜羅廢名詩作最多的一個集子。編者雖然花了大量工夫「盡量求全」，但因資料闕如，結果還是「集漏」了不少。

擺在讀者面前的這本詩集，共彙編廢名 1922 年至 1948 年間的詩歌九十六題一〇九首，其中舊體詩、譯詩各兩首。集中所收詩歌，凡未公開發表的，一律按廢名哲嗣馮思純先生提供之手稿排印；已公開發表的，則主要以原刊本為依據。為便於讀者瞭解、理解廢名的詩學觀和詩歌創作，特選〈新詩問答〉、〈新詩應該是自由詩〉、〈已往的詩文學與新詩〉、〈新詩講義——關於我自己的一章〉等七篇文章列為附錄。原打算將廢名 1949 年以後的詩歌一併編入本集，經反復考量，愚意以為還是不收的好。廢名在 1949 年之前的詩歌，如本集有所遺漏，俟日後再版時補入。

（原載《博覽群書》2005 年第 8 期，收入《廢名詩集》，
臺灣洪葉文化事業有限公司 2007 年 7 月版）

寫在《廢名講詩》出版之後

　　編訂完《廢名講詩》這部近五十萬字的書稿，我本打算寫一篇「前言」，因惟恐不得要領，安在廢名文字的前面，生怕有佛頭著穢之嫌，故放棄了。後來借用了鶴西的一篇題為〈廢名講詩──《杜詩講稿》與《新民歌講稿》〉的文章，權作代序。鶴西（1908-1999），原名程侃聲，曾與廢名過從甚密，不僅對廢名情意深摯，而且對廢名其人其文也最為瞭解，直可謂是廢名難得的一位知音。

　　廢名談詩、論詩的著述，多為講義或講稿，這是本書名為《廢名講詩》的主要緣由。全書由兩大部分組成，一是「廢名講新詩」，一是「廢名講舊詩」。兩個部分均以成集者為主體，其他散見於報刊上的集外文，一律按發表時間順序列於所屬部分之後。這裏，我想就收入《廢名講詩》中的幾部專著作點說明。

　　1929 年秋，廢名從北京大學英文系畢業，後經乃師周作人推薦留校任教，講授「作文（一）（附散文選讀）」、「作文（三）·新文藝試作（散文、小說、詩）」等課程。1936 年下半年（一般誤為1934 年或 1935 年），廢名又增設了一門「現代文藝」選修課，講了兩個學期，直到 1937 年「七七事變」起而中斷。廢名講「現代文藝」，首先講的是自其產生以來便不斷遭到質疑的新詩。每講一章之前，他都要寫出講義，交由北大出版組印出，發給學生。據周作人講，「新詩的講義每章由北大出版組印出之先，我都見過，因為廢名每寫好了一章，便將原稿拿來給我看，加上些意見與說明。我因為自己知道是不懂詩的，別無什麼可否，但是聽廢名自講或者就是只看所寫的話，覺得很有意思。因為裏面也總有他特別的

東西，他的思索與觀察」。(〈《談新詩》序〉) 沈啟无曾在致《風雨談》主編柳雨生信中說：「事變前一年，他忽然要對北大同學講『新詩』，於是和我討論怎樣寫新詩講義，他非常慎重地而又是獨到的和我談中國以往的詩文學，以及現代的新詩的物質，他每寫一章，必令我詳細審閱，如有詞義晦澀的地方，務期改到妥當為止，大約他連寫帶修改謄清，一星期只寫得一章，他這等婆心苦口，非僅是學理的供獻，乃是一種教育的意義和責任了。他一共寫了十二章，原稿我全代他保存，這真是珍貴的材料啊，將來在《集刊》上預備陸續發表。」(〈閒步庵書簡〉，《風雨談》1943 年 5 月第 2 期) 後沈啟无主編的《文學集刊》陸續發表了第三章〈新詩應該是自由詩〉(1943 年 9 月第 1 輯) 和第 4 章〈已往的詩文學與新詩〉(1944 年 4 月 10 日第 2 輯)。1944 年 11 月，廢名的學生黃雨 (即李曼茵) 將其所保存的講義交給北平新民印書館作為藝文社「藝文叢書五」印行，書名為《談新詩》。

1946 年，廢名由湖北黃梅重返北大，續編講義四章。《馮文炳研究資料》(陳振國編，海峽文藝出版社 1991 年 8 月版) 等稱，這四章未曾發表。其實，這四章均已公開發表過。第十三章〈《十年詩草》〉、第十四章〈林庚同朱英誕的詩〉、第十五章〈《十四行集》〉分別載《華北日報・文學》1948 年 3 月 21 日第 12 期、4 月 25 日第 17 期、5 月 23 日第 21 期，第十六章〈關於我自己的一章〉曾載天津《民國日報・文藝》1948 年 4 月 5 日第 120 期。在〈《十年詩草》〉一章後，有一段「編者按」：

　　這是廢名先生《新詩講義》中的第十三章。《新詩講義》曾由藝文社印行，易名《談新詩》，抗戰時在華北出版，當時

銷路極佳，人手一編，知者皆謂為先生不可多得的佳作。最近先生續寫若干章，完成全書，不日由上海再版。而在出書以前，承先生厚意，允將未發表的幾章，陸續在本版刊載，這實在是非常難得的事。除了向讀者們預告，並向廢名先生致謝。

　　廢名的新詩講義在抗戰時「銷路極佳，人手一編」，在一定圈子內，特別是在華北文學青年群體中產生過較大影響。全部講義原計劃由上海再版，因時局不靖，最終未能兌現。1984 年，人民文學出版社將前後兩部分合併，刪去初版本序跋（知堂即周作人序、黃雨跋）和附錄（藥堂即周作人〈懷廢名〉），並加上廢名 1934 年11 月 5 日發表在《人間世》第十五期上的〈新詩問答〉一文，仍以《談新詩》之名出版。其中，第十四章題名改為〈林庚同朱英誕的新詩〉，第十六章改題名為〈「妝台」及其他〉。同初版本相比，再版本在文字上有不少改動。據再版本編者、廢名嫡侄馮健男先生講，再版本中的續四章是依據其「保存著的手稿」排印的（《我的叔父廢名》，接力出版社 1995 年 3 月版）。《廢名講詩》恢復了《談新詩》初版的原貌，其中三、四兩章參校原刊本。續編四章，因找不到手稿，只好一仍原刊之舊。前後兩部分，總題為《新詩講義》。《新詩講義》中除〈新詩應該是自由詩〉、〈已往的詩文學與新詩〉兩章外，其他諸章基本上是以詩人及其代表詩集為單元的，分別選講了胡適、沈尹默、劉半農、魯迅、周作人、康白情、湖畔詩人、冰心、郭沫若、卞之琳、林庚、朱英誕、馮至和廢名自己的詩。廢名選講的詩歌，既有他所認定的「好詩」，也有他所認定的「不好的詩」，每首詩後常常附有一段或長或短的類似於中國傳統詩話的印象式點評，從正反兩方面闡釋、例證了自己的新詩觀。

在廢名的遺稿中，有一本關於《詩經》的講義，寫在其備課用的筆記本上，題為《古代的人民文藝——〈詩經〉講稿》。全稿共有十一章，主要選講了《詩經》的十一首詩，即「周南」之〈關雎〉、〈桃夭〉、〈漢廣〉，「召南」之〈行露〉、〈摽有梅〉、〈野有死麕〉，「邶風」之〈匏有苦葉〉，「鄘風」之〈蝃蝀〉，「唐風」之〈綢繆〉，「豳風」之〈東山〉和「小雅」之〈車舝〉。其中，〈行露〉、〈桃夭〉兩章，曾發表在《吉林大學社會科學學報》1982 年第 6 期，後〈行露〉與〈關雎〉、〈匏有苦葉〉兩章收入馮健男先生所編《廢名散文選集》（百花文藝出版社 1990 年 6 月版）。據吳小如先生回憶，1949 年至 1950 年，廢名曾在北京大學講過一學年《詩經》。1950 年，他在津沽大學開《詩經》專題課時，通過廢名的女公子、時在南開大學讀書的馮止慈借閱並轉錄過廢名的《詩經》講稿（〈呼喚廢名全集問世〉，《中華讀書報》1999 年 4 月 28 日）。吳先生在文章中摘引了廢名講〈關雎〉的一段文字：

> 「興」是現實主義的技巧，是不錯的。這首詩即河洲之物而起興，顯見為民間產物；採荇尤見出古代勞動人民的生活（可能是女性）。我們對於採荇不免陌生，但採蓮蓬、採藕、採菱的生活我們能體會。先是順流而取，再則採到手，再則煮熟了端上來。表示雖然一件小小事情也不容易做（正是勞動的真精神），這就象徵了君子求淑女的心情與周折。等到生米煮成熟飯，正是「鐘鼓樂之」的時候了，意味該多麼深長！同時這種工作是眼前事實，並非虛擬幻想，一面寫實一面又象徵，此所以為比興之正格，這才是中國詩的長處。後妃固然主德，但後妃哪裡有夢見「採荇」的樂趣，也

未必看得見「雎鳩」的比翼雙飛。不過採詩入樂，「太師」
的眼光總算夠好的。可惜古人不懂得「向人民學習」罷了。
（〈說《詩‧關雎》〉，《文史知識》1985 年第 8 期）

這段文字與現存講稿也有較大出入。吳先生所存錄的可能是初
稿，也許並非廢名的原話，而只是一種轉述。廢名在〈關雎〉一章
中，有「我以前所講的〈野有死麕〉」、「以前所講的『匏有苦葉，
濟有深涉』」云云。據此可以判定，廢名在講〈關雎〉以前就已講
過〈野有死麕〉和〈匏有苦葉〉，他講授的順序和其講稿的編次是
不盡相同的。同時，手稿中有些地方還做了不同程度的修改。這說
明，廢名對這部《詩經》講稿曾做過一番整理。另從文中廢名對胡
適、俞平伯的態度上可以推斷，這部講稿的成集時間不會遲於文藝
界開始批判俞平伯紅學研究的 1954 年。

《〈詩經〉講稿》前有一簡短的引言，茲過錄於下：

> 中國的詩，從《詩經》起，有不少是沒有得到正確講解的。
> 原因是封建思想支配人心太久。而「五四」當時所謂新文學運
> 動又受了資產階級的支配。到了今日，我們才有正確理解文學
> 遺產的可能，因此我們的態度與方法都有本質上的改變。我們
> 要求正確的詩解。講解正確了，才談得上批判，談得上接受。
> 　我現在且從《詩經》裏提出一些來講。我先說出自己的
> 講法。
> 　我要講的是：中國古代的人民文藝。

文中稱「我先說出自己的講法」，但具體是什麼講法，下文卻
沒有進一步加以說明。這段文字，是馮健男先生抄寫的，是否原封
不動地照錄著者原文，似有存疑之處。

1952 年 9 月，全國高等學校院系調整，廢名調到東北人民大學（今吉林大學）中文系。在吉林大學任教期間，廢名對杜甫的詩歌做了深入、細緻的研究，著有《杜詩講稿》、《杜詩稿續》、《杜甫論》、《杜甫詩論》等。《杜詩講稿》作於 1955 年至 1956 年間，曾載《東北人民大學人文科學學報》1956 年第 1 期、第 3 期和第 4 期。1957 年 4 月，由吉林大學中文系印出，作為講義用於教學。1963 年 2 月，中華書局出版《杜甫研究論文集（二輯）》，將《杜詩講稿》全文收入，個別地方有刪改。後來，廢名覺得有些問題還沒有說盡，又加以補充，寫了《杜詩稿續》。《杜詩講稿》共有七講，即〈杜甫「自京赴奉先詠懷」在中國文學史上的意義〉、〈分析「前出塞」、「後出塞」〉、〈分析三「吏」、三「別」〉、〈杜甫的律詩和他的偉大的抒情詩〉、〈秦州詩風格〉、〈入蜀詩的變化〉和〈夔州詩〉。《杜詩稿續》有〈杜甫的歌行〉、〈杜甫的絕句〉和〈詩的語言問題〉等三講，其中〈詩的語言問題〉與廢名的《新民歌講稿》第三章〈詩的語言問題〉多有雷同之處。由於《杜詩稿續》是《杜詩講稿》的續作，所以《廢名講詩》將前後兩稿合併，仍以《杜詩講稿》一名冠之。前七講採用 1957 年鉛印本，後三講據著者手稿整理。

《杜甫論》成稿於 1963 年 2 月，共七章，即〈難得的杜甫的歌頌人民〉、〈難得的自我暴露〉、〈杜甫走的生活的道理〉、〈杜甫的思想的特點〉、〈杜甫的性格的特點〉、〈杜詩的婦女形象〉和〈杜甫的一生對我們的借鑒〉。《杜甫論》主要研究「杜甫的為人，包括詩人一生的生活和思想」。在撰寫《杜甫論》的時候，廢名就有寫作《杜甫詩論》的計畫。《杜甫詩論》是 1963 年 8 月開始動筆的，原擬有〈生活是詩的源泉〉、〈杜詩的各體〉、〈杜詩的表現方法〉、〈杜

詩的語言〉、〈杜詩的風格〉、〈杜詩怎樣學習前人〉、〈杜詩對後代的影響〉和〈杜詩對我們今天的借鑒〉等八個專題，可惜作者因患重病而未能完稿。

廢名的杜甫研究曾在學術界引起過較大反響，《光明日報》、《人民日報》、《吉林日報》、《文史哲》等報刊都發表了署名文章，對其《杜詩講稿》提出了批評。1963 年 5 月 6 日至 10 日，吉林大學中文系舉行科學報告會，除本系師生外，長春市有關兄弟單位的人員也應邀參加了會議。會上，圍繞廢名的《杜甫論》展開過激烈的討論：

> 在討論馮文炳教授的《杜甫論》時，有的同志不同意作者把杜甫在〈朱鳳引〉一詩中的「願分竹實及螻蟻，盡使鴟梟相怒號」提到魯迅的「橫眉冷對千夫指，俯首甘為孺子牛」的高度。也不同意馮文炳教授認為歷史上沒有第三個人能夠像杜甫、魯迅一樣站在人民一邊的看法。另外有的同志對於馮文炳教授認為杜詩暴露的本質是「暴露剝削階級，包括作者自己」，杜甫在暴露統治階級的同時歌頌人民，杜甫在〈茅屋為秋風所破歌〉一詩中，他的階級局限性得到了克服等看法也提出了異議。（〈我校中文系舉行科學報告會〉，《吉林大學社會科學學報》1963 年第 2 期）

作於 1959 年的《新民歌講稿》，《廢名講詩》未全部收錄，僅選入已發表的一章〈談詩的形式問題〉（載《文學論文集（第一集）》，吉林大學出版社 1959 年 8 月版）。關於這部講稿的基本內容，可從鶴西的代序中略知一二。

　　以上收入《廢名講詩》中的幾種著作，除《談新詩》、《杜詩講稿》前七講和《〈詩經〉講稿》部分章節出版或發表過外，其餘的或為手稿，或為鉛印稿，都是首次公之於世。

（原載《博覽群書》2007 年第 12 期）

《抗戰時期廢名論》：
一部填補空白的學術著作

　　2008 年 3 月，張吉兵的新著《抗戰時期廢名論》由華中師範大學出版社正式出版。這是一部具有探索性、原創性、史料性的學術著作，也是國內外第一部公開出版的真正意義上的廢名研究專著。在這部著作出版之前，我就在《江漢論壇》等刊物上讀過其中的部分內容。後有幸受出版社之邀，作為審閱人之一，我從頭至尾看過書稿。拿到贈書後，我又懷著極大的興趣通讀了一遍。每次閱讀，對於我這個「廢名迷」來說，都或多或少地有所收穫，總會受到一定的啟發並時時引動我的思考。

　　從廢名研究的歷史和現狀來看，研究者主要把目光聚焦在二十世紀二、三十年代北平時期的廢名身上，而很少有人關注抗日戰爭時期的廢名。有關抗戰時期廢名生活、思想、創作等方面的研究，始終是廢名研究領域中一個比較薄弱的環節，幾乎成了一個盲點，一個荒區。張吉兵勞心費力，拓荒抉秘，以自己辛勤的耕耘換來了相當豐厚的學術成果。他對抗戰時期的廢名所作的全面、集中的研究，不僅在一定程度上填補了廢名研究領域中的一項空白，也將抗戰時期廢名研究的價值和意義凸顯出來了。要想瞭解廢名之全人，無法繞開 1937 年至 1946 年這一時段。不瞭解廢名避難黃梅期間的生活狀況，特別是他的思想面貌（包括其人生觀、民眾觀、詩學觀等），也就很難認識、理解共和國時期廢名思想的轉變。1949 年以後，廢名極力認同毛澤東思想理論，自覺地將個體與國家、民族的

命運聯繫在一起，其思想中人民性和現實性的色彩相當濃厚，正是他抗戰期間走出象牙塔、深入民間、親近百姓的自然發展結果。某些人對廢名思想的轉變總感到「不可理喻」，這在很大程度上是由於對抗戰時期廢名的思想狀況缺乏足夠的瞭解而將早期的廢名與晚年的廢名徑直對接所造成的。

《抗戰時期廢名論》除〈讀書有感（代序）〉（廢名哲嗣馮思純作）、〈國家不幸詩家幸　賦到滄桑句便工（自序）〉和〈後記〉外，共有六輯，即〈德性主體：抗戰時期廢名身份的認證〉、〈家族生活與德性實踐〉、〈社會生活與德性實踐〉、〈《莫須有先生坐飛機以後》綜論〉、〈《莫須有先生坐飛機以後》篇章解讀〉和〈抗戰期間廢名避難黃梅生活與創作繫年〉。這六輯既各有所重、相對獨立、自成單元，又前後聯屬、相互補充、綴成一體，基本上將廢名這一時期的主要事蹟、思想風貌和創作情況呈現出來了。

抗日戰爭爆發以後，廢名回到故鄉黃梅，由一個「都市上文明人」、新文學家、大學講師而成為一個四處「跑反」的難民、中小學教員。同時，他在家族網絡的庇護下，從一個現代自由主義知識份子而變成一個傾向於傳統的家族中心主義者。特定時期的社會現實、生活境遇和人際關係，改變了廢名的生活方式、生活態度和生命形態，逼迫他一方面對先前所信奉的所謂「新的理論」（包括進化論、資產階級自由民主平等觀念、階級鬥爭學說等）提出質疑並進行深刻的反思，另一方面又從傳統文化（包括儒道釋思想）中尋找歷史根據，作為解決當前現實問題和擺脫自身思想困境的方案和方法。廢名尤其推崇以孔孟為代表的原始儒學，他通過對中國國情和民情的總體認識，聲稱孟子的「仁政」思想是中華民族的「救國之道」。他以儒家所追求的理想人格即君子人格作為自己的人格理

想，並主要以一種內心自省的方式努力踐行之，在舉手投足之間，常常援引《論語》作為他的「就正有道」。張吉兵認為廢名這一時期的主體身份的主導面向是儒家學說所主張的「德性主體」，應該說是比較切合實際的。德性主體是儒家特有的主體生命形式，它消泯了主客之間的界限，以完善自我的德性為追求，以成就君子人格為生命的極致。張吉兵從知性和情感方式兩個層面對廢名的人格特徵作了認證，從家庭出身背景、幼年所受教育、避難生活經歷等方面探討了廢名德性主體的成因，生動地描述了廢名德性主體的生成過程，並基於德性主體這一核心觀點，對廢名的家族生活、社會（教學）活動等作了具體的論述。

1946 年，廢名重返北京大學，以其避難生活為藍本創作了一部紀實性長篇小說《莫須有先生坐飛機以後》（未完）。整部小說計十九章，張吉兵總體論述了這部小說的主題和思想屬性，認為這部小說是中國現代文學史上惟一以武漢會戰（1938 年 6 月至 10 月）為時代背景的長篇小說，是一部具有文學意義和歷史意義雙重價值的作品；「客觀真實、深切細緻地敘寫了硝煙與炮火深處中國最普通、最一般民眾的生活狀況和精神面貌，真實地記錄了異族入侵的戰爭給中國人民帶來的深重災難，深刻地揭露了異族入侵者的暴虐行徑及其帶來的精神恐怖，真切地表現了鄉村民眾真實的生存狀態及其從容的生存姿態和堅韌的生存意志」（《抗戰時期廢名論》，第153 頁）。他還有選擇地對其中的〈卜居〉、〈莫須有先生教國語〉、〈停前看會〉、〈莫須有先生買白糖〉、〈留客吃飯的事情〉等部分篇章作了詳細而獨到的品讀和解析，言他人所未言，新意迭出，多有創獲，體現了一種獨立思考的學術品格。

　　據我所知，近幾年張吉兵多次赴黃梅查閱檔案，訪問廢名的族親和門生，沿著廢名曾經走過的路線實地考察，掌握了大量鮮為人知的原始材料，對廢名避難黃梅近十年的鄉居生活、教學工作、創作情況等作了比較細緻的梳爬和整理。正因如此，所以他的論述不僅言之成理，而且言之有據。這部著作中關於廢名的避難經歷，關於廢名的家族和龍錫橋的馮姓家族，關於熊十力撰〈黃梅馮府君墓誌〉的發微，關於廢名任金家寨小學教員、任黃梅縣中學教員行狀的綜說，關於抗戰時期黃梅教育狀況的論略，關於抗戰爆發前黃梅現代教育的發展概況等，都具有一定的史料價值。發掘、搜集、整理這些湮沒在歷史廢墟中的文獻資料，對於還原歷史真相，對於再現抗戰時期黃梅鄉村社會圖景特別是廢名的實際生活情形和思想面貌，無疑有著十分重要的意義，可謂功莫大焉。

　　張吉兵長期從事文科學報編輯工作，閱讀面很廣，有比較扎實的文史哲功底。他能夠把廢名及其作品置於文學史、文化史、思想史、教育史乃至軍事史的背景上進行考察，學術視野比較宏闊，立意也比較高遠。儘管某些論斷難免有令人生疑之嫌（如對廢名主體身份的認證，對廢名思想轉變的認識等），但是就其邏輯本身而言則具有自洽性，能夠自圓其說，給人一種不容置疑之感。值得特別一提的是，這部著作文字雅正、簡古，文筆老到而富有詩性色彩，耐人咀嚼。相信這部著作會在學術界、讀者界引起一定的反響，也會推動廢名研究的進一步深化。

　　這部著作的缺憾主要表現在兩個方面：一是以大量筆墨討論長篇小說《莫須有先生坐飛機以後》的思想內容，而對其藝術成就幾乎隻字未提（在〈後記〉中，著者自己也意識到了這一點）。二是

對廢名的佛學著作《阿賴耶識論》沒有進行專題研究。《阿賴耶識論》作於 1942 年冬至 1945 年秋，旨在破熊十力的《新唯識論》和達爾文、赫胥黎、斯賓塞等的進化學說，是廢名抗戰時期留下來的重要學術成果。《抗戰時期廢名論》日後如有再版機會的話，希望能夠彌補這兩個方面的缺欠。

　　拉拉雜雜說了這麼多，鄙意不是存心想寫一篇什麼書評，而只是報告自己的一點閱讀心得，並借此表達我對同道者的敬佩之情。

（原載《中南民族大學工商學院學報》2009 年第 1 期）

《關於廢名》序

　　記得 2003 年歲末，即拙著《廢名年譜》印行之際，忽然接到梅杰君的一封來信。信中，他說他是一名大學生，學法律的，但自中學時代起就對文學懷有濃厚的興趣，特別喜愛其黃梅老鄉廢名的作品，並提了一些諸如「廢名小說是否屬於中國特色的意識流小說」等問題，希望我能給他一一解答。我和梅杰君之間的交往就是這樣開始的。此後，我們或互通書信，或電話聯繫，或在寒舍聚談，一晃已是五年多了。

　　梅杰君是八○後，非學院派學人。他勤勉好思，讀書甚廣，每有心得，即形諸筆墨。幾年下來，他以「眉睫」之筆名，在《魯迅研究月刊》、《中國圖書評論》、《新文學史料》、《博覽群書》、《書屋》、《中華讀書報》、《文藝報》等報刊上發表的文章，計有上百篇。現在，他把這些文章彙編成兩本集子，除已經出版的《朗山筆記——現當代文壇掠影》（臺灣秀威資訊科技股份有限公司 2009 年 2 月版）外，另有這本即將付梓的《關於廢名》。

　　收入《關於廢名》中的二十一篇文章，大致可以分為三類：一類是賞析文，如〈「妝台」及其他〉、〈廢名詩的兒童味〉、〈與馬力先生讀「五祖寺」〉等；一類是書評文，如〈《廢名年譜》的特色〉、〈談《廢名講詩》的選編〉、〈談《新詩講稿》的體例〉、〈廢名是怎麼變回馮文炳的？〉等；一類側重於史料的發掘與整理。相對而言，我比較看重第三類文章，這大概與我本人一向注重史料有關。我始終認為，資料的搜集與整理是一切研究形式的基礎和前提，離開原始、真實、準確的資料談研究，必然是一種虛妄之談、無稽之談。

近些年，梅杰君一直熱衷於搜集廢名的研究資料，做了許多扎實的工作。2004 年暑假，他通過調查、採訪整理出〈廢名在黃梅〉一文，填補了廢名研究中某些領域的空白。不久，他又發現廢名的數封佚簡，並大力呼籲搶救廢名書信，在學界產生了一定的影響。他從民國時期的報章雜誌中鉤稽出不少鮮為人知的文壇故實，寫成〈講堂上的廢名先生〉、〈並非醜化：廢名的真實一面〉等文，以眾多具體、生動的歷史細節再現了一個豐滿而鮮活的廢名形象。此外，他還對廢名與周作人、胡適、石民、馮健男等人之間的關係進行了細緻的梳理。總體來講，梅杰君關於廢名的這一系列文章，大多理據兼備，史料豐富、真實、準確、可信。

史料的整理與研究是一項很有意義的工作，也是頗有意思的一件樂事。一旦踏破鐵鞋尋覓到所要找的材料或偶爾得到一份意外的收穫，總會有一種難以言表的喜悅之情，誠如魯迅所說的「廢寢輟食，銳意窮搜，時或得之，瞿然則喜」（〈《小說舊聞鈔》再版序言〉，《魯迅全集》第 10 卷，人民文學出版社 2005 年 11 月版，第 158 頁）。我曾多次分享過梅杰君發現的喜悅。史料的整理與研究也是一項吃力不討好的工作，儘管自己百般小心，千般謹慎，但難免會萬有一失，留下讓人詬病的話柄。借寫這篇小文之機，索性把我時常告誡自己的話端出來，願與梅杰君共勉。

一、盡量掌握並採用第一手材料。在這方面，我是吃過虧、上過當的。我在編《廢名年譜》的時候，用了一些二手材料。及至年譜出版後，比對陸續查找到的原始材料，發現有許多說法與事實並不相符。如關於廢名是否擔任吉林省文聯副主席一職，我採信的是否定的說法。實際上，1962 年 5 月 23 日至 30 日，廢名出席在長春市召開的吉林省第三屆文學藝術工作者代表大會，並當選為吉林

省文聯副主席（見〈吉林省舉行第三屆文代大會〉，《長春》文學月刊1962年7月號）。梅杰君大概也輕信了否定的說法，在〈有關廢名的九條新史料〉（其部分內容曾以〈有關廢名的八條新史料〉為題，載《新文學史料》2008年第3期）中更依據《黃梅縣教育志》裏的相關記載加以證實。《黃梅縣教育志》是時人修撰的，內中介紹「馮文炳」的文字多不確，以此來實證廢名不曾擔任吉林省文聯副主席之職務，顯然是不妥當的。在同一篇文章裏，梅杰君僅借哈佛大學田曉菲女史《塵几錄——陶淵明與手抄本文化研究》（中華書局2007年8月版）中所披露的一條資訊，以說明廢名與聞一多有直接交往的可能，似欠有說服力。哈佛大學燕京圖書館藏有一部《陶靖節集》（1876年翻雕本），係廢名的簽名本，扉頁上題簽「家驊吾兄作紀念　廢名二十年三月二十九日」（據田女史寄贈筆者照片）。「家驊」是否就是田女史所說的聞一多，尚不能完全肯定，或者是指廢名的好友、語言學家袁家驊亦未可知。還是在同一篇文章裏，梅杰君以《黃梅縣教育志》和《湖北考試史》中的有關文字作為依據，推定廢名沒有入讀啟黃中學（黃岡中學前身）。也就是說，廢名沒有在啟黃中學讀書，是梅杰君推理出來的，究竟如何得靠事實來證明。據湖北省檔案館藏〈湖北省立第一師範學校添招預科學生一覽表〉（檔號Ls10-8-106-4），廢名是「五年三月」即1916年3月入校的，在「前在何校畢業或修業幾年」一欄所填寫的內容為「本縣高等小學畢業」。這份檔案材料並不就是廢名沒有進啟黃中學的鐵證，從1915年黃梅高等小學堂停辦到1916年3月，廢名也許有入讀啟黃中學的可能。梅杰君認為啟黃中學與湖北省立第一師範學校是平級的，如果廢名1915年入啟黃中學插班就讀，1916年畢業後完全沒有必要再考進湖北省立第一師範學校（不一定非要畢業了

再入第一師範學校，也有轉學的可能），可以直接考北京大學的。這僅僅是一種假設而已。既然有廢名上過啟黃中學一說（出自廢名嫡侄馮健男先生），想必是有所依憑的。大膽懷疑此說是可以的，但輕易否定則萬萬不可，必須小心求證才是。我說盡量掌握、採用第一手材料，並不意味著第二手材料就一無是處、毫無價值，旁證或佐證有時是離不開第二手材料的。

二、尊重原作就是對著者的極大尊重。廢名的散文（包括書信）有一個十分突出的特點，那就是很少分段甚或從頭至尾不分段。例如，1935 年 3 月 13 日、14 日，廢名花兩天時間寫了一篇〈關於派別〉，同年 4 月 20 日刊登在林語堂主編的《人間世》第26 期上。〈關於派別〉是一篇近八千字的長文，僅有兩大段，這顯然是廢名有意為之的。林語堂深知其意，他後來在〈煙屑（五）〉一文中說：「娓語筆調，盡可拉拉扯扯，不分段縱筆直談。談得越有勁，段落越長。前『廢名』有一篇〈關於派別〉談豈明的八千字一段長文，是屬此類。我知此意，故亦不為分段。」（《宇宙風》1935 年 12 月 16 日第 1 期）《胡適遺稿及秘藏書信》（黃山書社1994 年 12 月版）收有廢名致胡適信五封（影印件），其中有梅杰君在〈新發現的一封廢名佚信〉（《博覽群書》2007 年第 2 期）裏提到的那封長信。廢名讀過胡適的來信，興致極高，於是「拉拉扯扯」，寫了十五頁信紙。全信一氣貫下，自始至終就一整段。若按梅杰君那樣強為之分成六段，實可謂不知其意也。時下常見有人為某一作家編文集，隨意徑改其作品，這麼做不能不說是對著者的大不敬。

三、裁斷而不武斷。梅杰君有一定的史識，對某些史料能夠作出令人信服的裁斷。但是，因限於條件而無法大量地佔有史料，他

的某些裁斷近乎臆測，未免失之武斷。在〈又發現廢名的三封佚信〉（《魯迅研究月刊》2008 年第 1 期）中，他說 1964 年 9 月 30 日廢名致黃梅縣民政局信是其生前最後一封信，「恐怕也是廢名最後一篇著名散文〈馮文華烈士傳略〉的『附記』」，又從字跡上判斷 1964 年前後廢名「確實沒有寫作的腦力、體力了」。這種看法大有商討的餘地。廢名致黃梅縣民政局信是用鋼筆書寫的，看起來確如梅杰君所說的「顫抖而潦草」，據此認定廢名沒有寫作的體力似勉強說得過去，但說廢名沒有寫作的腦力就有問題了。沒有腦力，廢名怎會寫信，又怎能寫出「著名散文」〈馮文華烈士傳略〉？〈馮文華烈士傳略〉作於「1964 年國慶前一日」，與致黃梅縣民政局信是同一天寫的，原件現存湖北省黃梅縣民政局馮文華烈士檔案內。這篇文章是廢名用毛筆謄錄的，有四頁稿紙，全係蠅頭小楷，極為工整乾淨。可見，即便單從字跡上也是不能夠判斷廢名有無寫作的腦力和體力的。我曾在馮思純先生處翻閱過廢名的好幾本筆記，得知 1964 年前後，廢名雖罹病在身，但仍未停止寫作。在新近出版的六卷本《廢名集》附錄〈廢名生平年表補〉中，節錄了廢名寫給其子女的一封信的部分內容：「你們曾記得我害有重病這件事，其實我自己思想裏並沒有病魔的影子糾纏著，尤其在最近一季，我很活潑……我唸〈愚公移山〉（毛主席著作）給你們的媽媽聽，她的政治空氣很好，很可佩服。」（《廢名集》第 6 卷，北京大學出版社 2009 年 1 月版，第 3509 頁）這封信的寫作時間是 1965 年 10 月 18 日。因此，說 1964 年前後廢名沒有寫作的腦力和體力，致黃梅縣民政局信是廢名生前最後一封信，〈馮文華烈士傳略〉是廢名最後一篇散文，這樣的結論是不是下得有些匆忙或者草率呢？

　　梅杰君說我對他最為瞭解，一再要求我為其大著寫點文字。我只好恭敬不如從命，硬著頭皮寫了以上幾句枝葉話，萬望梅杰君勿怪是幸。

2009 年 3 月 5 日

於武漢大學珞珈山麓

（原載《魯迅研究月刊》2009 年第 4 期；

收入《關於廢名》，臺灣秀威資訊科技股份有限公司 2009 年版）

《現代文學史料探微》序

　　近幾年，梅杰君在學習和工作之餘，勤於寫作，以「眉睫」之筆名在《新文學史料》、《魯迅研究月刊》、《中國圖書評論》、《博覽群書》、《文藝報》、《中華讀書報》、《書屋》、《粵海風》、《開卷》等報刊上發表了一百多篇文章。今年2月和4月，台灣秀威資訊科技股份有限公司相繼出版了他的兩本集子，一為《朗山筆記——現當代文壇掠影》，一為《關於廢名》（圖文本）。現在，他從這兩本集子中擇選側重於史料研究的篇什，合成一冊，題作《現代文學史料探微》，即將由上海遠東出版社印行。梅杰君又要我寫點文字，這實在讓我有些為難，因為該說的話都已在〈《關於廢名》序〉（原載《魯迅研究月刊》2009年第4期）中說過了。我在〈《關於廢名》序〉中主要談了「儘量掌握並採用第一手材料」、「尊重原作就是對著者的極大尊重」、「裁斷而不武斷」等幾點有關史料研究的基本原則和方法，同時針對梅杰君文章中的某些觀點提出不同意見，總體來說是質疑多於讚揚。這裏，不妨從正面補充說明一下我的看法。

　　梅杰君作為八〇後、非學院派學人，其可貴可讚可敬之處在於：

　　一是學術視野比較開闊。梅杰君閱讀面頗廣，其學術研究的視野也因之顯得甚寬。他所寫的文章，內容涉及政治、法律、經濟、文學等諸多領域。從文學領域來看，其所研究的方向主要包括民國時期文學、兒童文學、八〇後文學、地方文學史等方面。單就民國時期文學這一方面來看，除廢名外，他所關注的對象另有喻血輪、喻的癡、周作人、胡適、黎昔非、朱湘、沈從文、葉

公超、梁實秋、溫源甯、豐子愷、梁遇春、石民、許君遠、陳林率、沈啟无、朱英誕、朱雯、趙宗濂、傅雷、丘士珍（南洋作家廢名）、劉任濤等數十人，其中有不少人屬於文學史、思想史、學術史上的「失蹤者」。僅這一份長長的名單，足以說明梅杰君閱讀面之廣、學術視野之寬。

二是能夠獨立準備研究資料。搞學術研究，貴在且難在獨立準備資料。獨立準備資料，是學術研究的初始化工作，是一項必不可少的基本功，也是研究者應當具備的一種學術品格。梅杰君很重視這一基本功的訓練，他的絕大多數文章都是依靠辛辛苦苦得來的第一手材料寫成的。2004 年暑假，他專程回到黃梅，到縣檔案館、縣一中等處查閱檔案，採訪廢名的學生、親友、鄰人，實地考察廢名曾經生活過的地方（如小南門、岳家灣、都天廟等），掌握了大量的原始材料，整理出〈廢名在黃梅〉一文（原載《新文學史料》2005 年第 3 期），填補了廢名研究領域中的某些空白。為了研究喻血輪、石民、朱英誕、許君遠、劉任濤等人，梅杰君通過各種途徑，終於與他們的後人取得聯繫，獲得了許多珍貴的資料。收入本書中的〈許君遠年表〉（原載《黃岡師範學院學報》2009 年第 4 期），不少內容是根據許氏之後人提供的資料（包括照片和手稿、原刊本、初版本等影印件）整理出來的。此外，清代散文家喻化鵠的墨蹟，劉任濤與郭沫若等人的合影，以及郭沫若為劉任濤題簽手跡，都是首度正式公之於世的歷史文獻資料，是由喻氏和劉氏的後人提供的。在學術風氣不正、學術道德失範、學術環境尚需淨化的年代，梅杰君的這種求真務實的精神是值得稱道和提倡的。

三是善於發現史料的意義和價值。發掘史料，要有史識、史見，要能發現真正有歷史意義和歷史價值的東西。數年來，梅杰

君一直傾心於廢名研究。他從民國時期的報章雜誌中鉤稽出不少
鮮為人知的文壇故實,寫成〈廢名與周作人〉(原載《藏書報》2007
年 4 月 2 日)、〈講堂上的廢名先生〉(原載《出版人》2007 年第
11 期)、〈有關廢名的九條新史料〉(原載《新文學史料》2008 年
第 3 期,題為〈有關廢名的八條新史料〉)、〈並非醜化:廢名的「真
實」一面〉(原載《新文學史料》2009 年第 2 期)等文,以眾多
具體、生動的歷史細節再現了一個豐滿而鮮活的廢名形象。發掘
出這些史料,對於那些有意編撰廢名傳記者,無疑具有一定的參
考價值;同時,也為那些立志深入研究廢名者提供了重要線索。
梅杰君在搜集廢名書信方面,尤有篳路藍縷之功。他先後發表了
〈廢名的書信〉(原載《上海新書報》2006 年 5 月 12 日)、〈新發
現的一封廢名佚信〉(原載《博覽群書》2007 年第 2 期)、〈又發
現廢名的三封佚信〉(原載《魯迅研究月刊》2008 年第 1 期)等
三篇文章,大力呼籲搶救廢名書信,在學界產生了一定的影響。
他所披露的廢名致黃梅縣立初級中學校長廖秩道的兩通書信,是
迄今為止所能找到的廢名避難黃梅期間遺留下來的函件。他所提
到的廢名約 1933 年 2 月 1 日寫給胡適的那封長信(見《胡適遺稿
及秘藏書信》第 36 卷,黃山書社 1994 年 12 月版),既有文獻價
值,也有學術價值。通過這封信,可以得知廢名在 1936 年開講「現
代文藝」新詩部分之前,甚至在 1934 年發表〈新詩問答〉(原載
《人間世》1934 年 11 月 5 日第 15 期)之前就對什麼是新詩、新
詩與舊詩之間的區別等問題有過較為深入的思考。遺憾的是,這
封信似未引起學界的足夠重視。
　　梅杰君有關民國時期文學史料的發掘、整理與研究,對於澄清
歷史事實、還原歷史真相,對於重寫或豐富文學史,都具有一定的

意義。希望梅杰君在此基礎上能夠深入進行研究，取得更加豐碩的
成果。我期待著，並對梅杰君充滿了信心！

2009 年 7 月 8 日於珞珈山麓

（收入《現代文學史料探微》，梅杰著，上海遠東出版社 2009 年 8 月版）

廢名研究綜述（1981～2001 年）

廢名研究大致經歷了三個階段：1925 年至 1949 年是第一階段，研究文章有四十餘篇，研究者主要有魯迅、周作人、劉西渭（李健吾）、沈從文、孟實（朱光潛）、鶴西（程侃聲）等人。1950 年至 1967 年是第二階段，研究文章有十餘篇，大多是針對廢名的魯迅研究、杜甫研究、美學研究所發表的批評意見。1978 年以後是第三階段，無論是論文數量（約 270 篇，平均每年有十來篇），還是研究人員數量，都大大超過了此前兩個階段。新時期以後，由於文學內外環境的變化，許多蒙塵披垢的作家重新進入人們的視域，並由邊緣地帶走向中心位置，掀起了一個個的研究熱潮，如「周作人熱」、「沈從文熱」、「張愛玲熱」等等。生前身後十分「寂寞」的廢名，在一股股熱潮的激蕩下，慢慢地引起讀者、研究者青睞，廢名研究也因此而漸漸地熱鬧起來。這一階段第一篇有分量有影響的論文就是沈從文研究專家凌宇 1981 年在《十月》上發表的〈從《桃園》看廢名藝術風格的得失〉。正是基於這一事實，故本篇綜述將時間起點定在 1981 年。

一、廢名的意義

在現代文壇上，廢名是一位具有特異風格和獨立精神的作家、學者。他的創作（主要是小說）極具探索性、實驗性，富有前衛意識和個人化色彩。早在二十世紀三十年代，劉西渭就曾說過：「在現存的中國文藝作家裏面……有的是比他通俗的，偉大的，生動

的，新穎而且時髦的，然而很少一位像他更是他自己的⋯⋯他真正在創造。」（劉西渭〈《畫夢錄》──何其芳先生作〉，《咀華集》，文化生活出版社 1936 年版）在中西文化相撞擊的年代裏，反傳統、反文化往往是普遍的社會心態。廢名與眾不同，他轉過身去，向故土回歸，對宗法制農村文化採取靜觀的認同態度。他不像彭家煌、臺靜農、王魯彥、許杰等作家那樣，以一種批判的眼光描寫生之苦、死之痛，而是盡力沖淡悲痕，從鄉村翁媼兒女身上尋找並展現一種自然狀態下的人性美和人情美。因此，廢名的小說與時代不同步，與文藝潮流不合拍，與整個社會主流話語之間顯得格格不入。正因如此，有人認定廢名的小說隱含有一種「反現代性」主題（逄增玉〈廢名鄉土小說隱含的反現代性主題及其敘事策略〉，《東北師大學報》1999 年第 3 期）。其實，廢名的價值並不在於對現實意義的挖掘與闡釋，而在於對文本自身的構建和創造。換言之，廢名小說的價值不在內容，而在「有意味的形式」。這種「有意味的形式」，無疑表現了廢名對現代性的不懈追求。美國學者史書美說廢名是「傳統中的現代」，是頗有道理的（史書美著，岳耀欽譯〈廢名：傳統中的現代〉，《殷都學刊》1994 年第 4 期）。

單從創作的實績來看，凌宇、楊義都認為廢名「並不是大家」（凌宇〈從《桃園》看廢名藝術風格的得失〉，《十月》1981 年第 1 期）、「不足以稱大家」（楊義〈廢名小說的田園風味〉，《中國現代文學叢刊》1982 年第 1 期），但他在藝術形式上的嘗試卻盡了開拓者的使命，為中國文學的發展作過獨有的貢獻。研究廢名和現代抒情小說的發展，對於如實地描繪「五四」以來小說的全貌和當代小說藝術多樣性的發展，都會大有裨益。「我們應該說：廢名的名字是不應該廢的。」（同上）

　　格非認為：「研究中國現代的抒情小說，廢名是不可或缺的。」廢名在文體、敘事方式等方面所進行的探索，構成了中國現代小說史上的重要資源之一。這一資源的意義可從三個方面加以考察：（一）廢名與中國小說的敘事傳統的關係。廢名雖然自稱受到了莎士比亞、塞萬提斯等西方作家的影響，但更多地得益於中國傳統敘事資源的陶冶與滋養。「廢名在繼承中國文化和敘事特點的同時，他的多少有點極端化的嘗試與探索，也豐富了這一傳統。」（二）廢名與現實和時代的關係。廢名的作品很少直接表現社會現實，但他的作品仍然與現實本身構成了重要的隱喻和象徵關係，他力圖將現實生活歸入個人心靈的統攝之下，通過記憶與「反芻」從整體上表現社會現實。因此，「廢名的作品側重於表現，而不是簡單的複製或再現，這對於我們重新考察寫作與現實或時代精神的關係，擺脫機械反映論的束縛，避免作品的簡單化和功利性具有相當的啟迪作用。」（三）廢名文體與漢語寫作的關係。廢名的敘事風格和文體形式都相當複雜，也存在著一定的局限性，但他在這些方面的探索，「為豐富漢語寫作的形式表現技法、修辭手段，作出了有益的嘗試。」（格非〈廢名的意義〉，《文藝理論研究》2001 年第 1 期）

二、遺著整理

　　1983 年 1 月 16 日，吳小如在香港《大公報》上向學術界和出版界大聲呼籲：「希望由先生的親屬（先生的女公子係南開大學中文系畢業生）協助，儘快搜輯廢名先生的遺著，整理後付梓問世。」（吳小如〈廢名先生遺著亟待整理〉，香港《大公報》1983 年 1 月 16 日）但是，廢名的資料比較難以收集。正如廢名嫡侄馮健男所言：

「小說比較好辦，作家留下了五個小說集子，《莫須有先生坐飛機以後》雖未出書，卻有連載。但詩、散文就不好辦了，作家的藏書、書稿多所散失，他發表過的詩文又很少存底，殘留的手稿或剪報少有注明寫作年代和發表日期的，這就都需要查找。」（馮健男〈《馮文炳選集》編後記〉，《馮文炳選集》，人民文學出版社 1985 年版）

　　1984 年，人民文學出版社率先出版廢名的詩論《談新詩》。這是廢名二十世紀三四十年代在北京大學任教時所寫的講義。其中前十二章是抗戰前的講稿，曾以《談新詩》為書名，1944 年由北平新民印書館印行。抗戰勝利後，廢名重返北大任教，本書後半部第十三章至第十六章，就是當時續編的講義。人民文學出版社將前後兩部分合併，並加上抗戰前寫的〈新詩問答〉一篇。1985 年，人民文學出版社再次邀請馮健男編輯、出版《馮文炳選集》。這本選集共分小說、詩歌、散文和論文四輯，收入廢名不同時期的代表作，基本上顯現了廢名著作的全貌。許多讀者就是通過這本選集認識廢名的，而一些學者則是以這本選集為藍本進行廢名研究的。1986 年，上海書店出版短篇小說集《桃園》和長篇小說《橋》影印本，作為「中國現代文學史參考資料」。1988 年，四川人民出版社出版由廢名的學生李葆琰編選的《廢名選集》。這本選集第一次集印《莫須有先生坐飛機以後》（已發表的十七章），是比較充實的一個選本。1990 年，姜德明主編了一套「京派文學作品專輯」，其中包括廢名的《莫須有先生傳》，由上海書店根據開明書店 1932 年版本影印出版。同年，百花文藝出版社出版馮健男選編的《廢名散文選集》，收錄廢名從二十世紀二十年代到六十年代的作品二十八篇。這並不是一本嚴格意義上的散文集，除本義的散文之外，還包括散文化小說和談詩說文的文章在內。1991 年，上海文藝出版社出版了一套「中國現代

作家名著珍藏本」，名譽主編是巴金。其中把廢名的小說總題為《田園小說》，由吳中杰選編。同年，陳振國彙編的《馮文炳研究資料》由海峽文藝出版社出版。這本資料共分七輯，除編有廢名的生平資料、著作年表、著作目錄等外，還收錄了廢名談創作、論文學的文章二十篇。這本資料為研究者提供了極大的便利，其草創之功實不可沒。1993 年，長江文藝出版社出版了一套「中國新詩庫」，周良沛選編，其中第三集列有「廢名卷」，共選廢名詩四十題五十三首，有三首是選自廢名的手稿。1997 年，有三本廢名小說集相繼問世。一本是廢名哲嗣馮思純選編的《廢名短篇小說集》，由湖南文藝出版社出版。這本集子比較完整地收入了廢名不同風格和特色的小說，但有些作品是選自廢名的長篇小說，並不是真正意義上的短篇小說。一本是倪偉編的《紡紙記》，屬「世紀的迴響」叢書之一，由珠海出版社出版。這本集子完整集印了《莫須有先生傳》和《莫須有先生坐飛機以後》兩部長篇，還專門收錄了廢名的幾個以知識份子生活和精神狀況為題材的短篇。第三本是艾以、曹度主編由安徽文藝出版社出版的《廢名小說》。這本集子，除重印廢名已版五部長、短篇小說外，還輯入其發表在《新月》、《學文》等期刊上的長篇小說《橋》（下卷）共七章和《莫須有先生坐飛機以後》以及散佚在各舊報刊上的六個短篇小說，分上下兩卷出版。這是一本比較全的廢名小說集。1998 年，陳子善編訂的《論新詩及其他》由遼寧教育出版社出版。此編本以 1944 年北平新民印書館初版本為底本，參校人民文學出版社增刪本，恢復序跋和附錄，初版本未刊之末四章則移入「集外」部分。「集外」部分又收入〈新詩問答〉及廢名二十世紀三十年代關於新舊詩的序跋、通信和隨筆共九篇，比較完整地體現了廢名的詩論觀點。1998 年，程光煒、王麗麗選編的《廢名集》，

由瀋陽出版社出版。本書系叢書「禪悟五人書」之一，選錄了廢名部分短篇小說和長篇小說的部分章節。同年，中國現代文學館選編的一本題為《初戀》的廢名作品集，由華夏出版社出版。1998 年，吳曉東披露了廢名的四十首佚詩（〈新發現的廢名佚詩 40 首〉，《中國現代文學研究叢刊》1998 年第 1 期），推翻了廢名作詩不過三十首的流行說法。同年，中國文聯出版公司影印、出版了廢名的第一本短篇小說集《竹林的故事》和詩文集《招隱集》。2000 年，東方出版社出版的《廢名文集》和遼寧教育出版社出版的《阿賴耶識論》，均由止庵編訂而成。前者以 1949 年為下限，共收錄廢名的文章 117 篇（包括兩篇譯作）。這本文集不同於《廢名散文選集》，它可以說是一本真正意義上的廢名散文選集，因為它打破了以廢名小說頂替其散文的做法。後者是一本佛學研究著作，是廢名在抗戰期間避難黃梅時所寫的。另外，止庵在《文匯讀書週報》上發表了兩篇考證文章，即〈廢名佚文考〉（1998 年 7 月 4 日）和〈廢名佚文續考〉（2000 年 2 月 19 日）。這兩篇文章雖然都不長，但的確花費了不少的工夫。姜德明看過《廢名文集》，發現有幾篇漏收了，特地寫了一篇補遺文〈廢名佚文小輯〉，載《新文學史料》2001 年第 1 期。2003 年，廣西師範大學出版社將廢名小說結成兩個集子出版。一題為「竹林的故事」，包括《竹林的故事》、《棗》和《橋》三部作品及《紡紙記》等六個散篇；一題為「莫須有先生傳」，內收《莫須有先生傳》、《莫須有先生坐飛機以後》和《桃園》三部作品。同年，格非選編了一本《廢名小說》，由浙江文藝出版社出版。

　　廢名還有一些手稿、打印稿，如《古代的人民文藝——〈詩經〉講稿》、《杜詩講稿》、《魯迅研究》、《杜甫論》、《毛澤東同志著作的語言是漢語語法的規範》、《美學講義》、《新民歌講稿》、《歌頌篇三

百首》等，亟待整理出版。有些著作，如《跟青年談魯迅》（中國青年出版社 1956 年版）、《廢名小說選》（人民文學出版社 1957 年版），雖然曾印行過，但是也有重版的價值。收集、整理、出版廢名的遺著，並非一日之功，也非一人之力所能為之，它是一項較大的系統工程，需要大家的共同努力才有可能完成。1999 年 4 月 28 日，吳小如在《中華讀書報》上再次「呼喚廢名全集問世」，得到學界和出版界的積極回應。據悉，有關單位和研究人員正在編纂《廢名（全）集》，真希望它能早日出版。

三、作品研究

（一）小說

1. 分期問題

廢名的小說創作，起於 1922 年，終於 1948 年，歷時約二十六年。關於其小說分期（類）問題，目前主要有以下幾種看法：

    (1) 以時段為標準，將廢名小說分為三個階段。凌宇就是這樣。他認為，廢名小說創作的第一階段是以《竹林的故事》為代表，包括《桃園》和《棗》。第二階段以《橋》為標誌，在藝術上進一步發展了自己的表現技巧。第三階段的代表是《莫須有先生傳》，但已預示了廢名創作的終結（凌宇〈從《桃園》看廢名藝術風格的得失〉，《十月》1981年第 1 期）。

(2) 以人物形象為標準，把廢名的小說分為兩大系列。一個系列是受契訶夫和塞萬提斯影響的作品，如〈四火〉、〈文公廟〉、《莫須有先生傳》等。這類小說大多以微慍的幽默與諷刺狀寫世間俗相。另一系列則是受陶淵明和早期哈代、艾略特影響的小說，如〈浣衣母〉、〈竹林的故事〉、〈菱蕩〉、《橋》等。這類小說所寫的均是「尚未被惡濁的社會所異化」的中國宗法制農村中的翁嫗兒女，更能體現廢名的創作個性（楊義〈廢名小說的田園風味〉，《中國現代文學叢刊》1982 年第 1 期）。楊義是這一看法的代表。

(3) 以作者名字為標準，將其小說創作分為前後兩個時期，即「馮文炳」時期和「廢名」時期。持這一看法的論者，大概因襲了李健吾的觀點（李健吾〈《畫夢錄》──何其芳先生作〉，《咀華集》，文化生活出版社 1936 年版）。

(4) 以年齡為標準，也將廢名的小說創作分為兩個時期。持此看法的論者認為，以三十歲為界限，三十歲以前，廢名的小說呈現的是清涼優美的鄉村圖景，風格一致，以《橋》為代表作，可稱之為「樹陰小說」；三十歲之後，風格迥異，以《莫須有先生傳》為代表，可稱之為「驢背小說」（張可喜〈樹陰下與驢背上──論廢名創作的兩個時期〉，《河北學刊》1996 年第 2 期）。

以上幾種分法，儘管各自的出發點有所不同，但是它們的落腳點卻是一致的，都是為了更好地顯示廢名各個階段、各個時期、各種類型小說的風格特徵。

2.佛禪精神

在中國現代作家中，與宗教有過或多或少聯繫的人，為數不少。但是，從與宗教關係之密切與真誠持久來講，李叔同（弘一法師）之外，恐怕要推廢名。

論者大多認為，廢名禪宗意識的形成，主要得之於具體的地域文化（家鄉的禪文化）和胡適、周作人的啟示以及自己脆弱敏感的心理氣質、憂鬱寡歡的內向性格。廢名的禪宗思想有一個前後演化的過程，即由「觀心看淨」到「無相、無念、無住」的階段性變化（楊厚均〈廢名創作中禪意的形成與嬗變〉，《湘潭大學學報》1999年第3期）。禪宗意識是廢名小說審美的一個重要向度（張永〈禪宗：廢名小說的審美向度〉，《文學評論叢刊》2001年第2期）。禪宗教義及其宗教思維對廢名小說的審美理想及其審美方式產生了一定程度的影響。廢名的小說「不為表現鄉土生活的貧瘠與悲苦，而從鄉土的貧瘠物質生活中，捕捉或追求一種超度悲哀、睿智達觀、親自然、樂人生的人生境界」。廢名小說語句突兀奇峭、構詞行文方式特別等語言風格，正是其「直觀性、暗示性和頓悟感」的文學思維方式的反映（李俊國〈廢名與禪宗〉，《江漢論壇》1988年第6期）。姜雲飛認為，廢名小說的禪學底蘊，主要表現在：「一即多，多即一」的宇宙意識、直覺頓悟的思維方式和以「橋」為核心的意象符號的超越與審美（姜雲飛〈廢名小說的禪學底蘊〉，《浙江師大學報》1991年第3期）。陳國恩認為，廢名的小說創作主要受禪宗藝術精神三方面影響：一是禪宗空諸一切以及「自娛—解脫」的目的，滿足了廢名在動亂歲月消極避世的心願；二是「萬法盡在自心」，把時空主觀化；三是追求語言的機趣（陳國恩〈廢名小說與佛禪精神〉，《貴州社會科學》2001年第1期）。

　　禪宗是廢名在特殊歷史時期作為一個中國知識份子獨特的精神發現，禪宗意識在其小說中的彰顯，是二十世紀二十年代高揚主體價值的個性解放思潮在三四十年代的餘緒和迴響。同時，在反動當局的文化高壓政策下，廢名獨特風格的創作，也體現了較為安全的寫作策略（張永〈禪宗：廢名小說的審美向度〉，《文學評論叢刊》2001 年第 2 期）。

3.敘事策略

　　在廢名研究方面，作家兼學者的劉勇（格非）用力甚勤。他的《廢名小說的敘事研究》，是較早一部以廢名小說為選題的博士論文。他援用當代敘事學理論，對廢名的作品進行了深入細緻的解讀。可惜，這部專著還未見出版。

　　劉勇認為，廢名的小說分為內外兩個敘事層。外在的敘事結構基本上沿襲了傳統的故事模式，如事件的先後順序，故事的因果連接，時間的線性推進等等。這一點在廢名的早期作品（如〈柚子〉、〈講究的信封〉、〈竹林的故事〉）中表現得較為明晰。在這些小說中，故事本身就是敘事目的，傳統敘事的內在和諧並未打破。〈菱蕩〉、〈桃園〉一類小說的出現，內外兩個敘事層面則顯示出同等的重要性，形成了並駕齊驅的格局。除故事本身外，原先處於次要地位的敘事手段漸漸地蛻變成敘事的目的之一。廢名在小說敘事結構上的「新格式」，到了《橋》、《莫須有先生傳》，終於以一種更為極端化的形式出現。在這兩部作品中，外在的敘事結構只不過是一個幌子，一個路標，一個托詞，也是一個障礙。因為故事進程本身已經從敘事的主要目的，退到了背景和線索的地位。廢名小說的內在結構所要展示的是一個個充滿詩意的風景片段、記憶瞬間

與人生感遇。廢名小說的結構安排從根本上顛覆了傳統小說敘事的話語形式，打破了原有的框架，拓寬了文體的疆域，豐富了小說藝術的表現手段。在廢名敘事方式中，傳統的線性時間並未被完全取消，他只是將它大大地壓縮了。表面的敘事時間幾乎是凝滯不動的，而組成故事的場景與細節卻被拉長並放大，彌漫了整個敘事空間。廢名消除了現實與物理時間給寫作造成的束縛，為想像的自由馳騁帶來了極大的便利。在廢名那裏，時間從根本上來說處於一種混沌狀態，似乎從未對敘事形成任何障礙，過去、現在與將來並沒有一個明確的界限，他們同屬於歷史長河中一個個「瞬間」，處於同等的地位，而歷史則是無始無終的。正因為廢名對時間和歷史的獨特理解，他能夠自由地出入其間，無拘無束。在劉勇看來，作為一個文體家，「廢名在現代小說史上的獨特性不僅在於風格的與眾不同，他在小說形式和結構上表現出來的卓越的創造力也許更為重要」（劉勇〈廢名小說的時間與空間〉，《當代作家評論》2001年第2期）。

4.文體特徵

廢名小說文體的特徵，主要表現在詩化、互文性、晦澀等三個方面。

詩化，這是眾多論者對廢名小說文體特徵的共識。廢名小說創作的「純正藝術風格」，乃是詩化的人生、人生的詩化。廢名筆下的生活「不是著者所見聞的實人世的，而是所夢想的幻景的寫象」（灌嬰〈橋〉，《新月》月刊1933年2月1日第4卷第5期）。這種生活是經由他心靈「蒸餾」、淨化、美化了的生活，充滿了詩情畫意。為了與這種詩意人生相對應，廢名賦予小說以詩體形式。他借

鑒唐人寫絕句的手法，自覺地將中國古典詩歌的意象、意境引入小說；情節和行文間，跳躍較大，空白較長；語言高度簡潔、凝練、省淨、含蓄，富有詩的韻味和美感（馮健男〈談廢名的小說創作〉，《中國現代文學研究叢刊》1985 年第 4 期；朱亞寧〈論廢名小說的文體特徵〉，《四川師範大學學報》1992 年第 4 期）。

　　廢名小說的文體帶有濃烈的「互文」特點。現代作家總是有意無意地抹去自己作品的互文痕跡，使之看上去彷彿是獨一無二的創造性文本。廢名則反其道而行，他在小說寫作中，隨時隨地嵌入與一個文本有關的其他文本，使文本之間構成互涉關係，從而有意凸現小說的互文性。廢名徵引的文本範圍極廣，古文、古詩、外語、方言、俚語、諺語、兒歌、戲曲曲詞等等，真可謂中西雜糅，無所不包（倪偉〈「亂寫」與顛覆：《莫須有先生傳》的敘事解讀〉，《中國現代文學研究叢刊》1993 年第 3 期）。

　　廢名小說素以晦澀難懂著稱。周作人認為：「晦澀的原因普遍有兩種，即是思想之深奧或混亂，但也可以由於文體之簡潔或奇僻生辣。」（周作人〈《棗》和《橋》的序〉，《知堂序跋》，岳麓書社 1986 年版）具體到廢名小說的晦澀，他則以為是屬於文體方面的原因所致。吳曉東認為，廢名小說之所以晦澀，與其在小說中試圖處理的是具有「個人化」特徵的「意念和心象」有更直接的關係。這是他基於對廢名小說《橋》的詩學解讀所得出的結論（吳曉東〈背著「語言的筏子」——廢名小說《橋》的詩學解讀〉，《中國現代文學研究叢刊》2001 年第 1 期）。就整個情況來看，廢名小說晦澀難懂的成因，除來自於簡省、跳躍、用典、互文等文體特點之外，還與其小說的思想內容的特色相關聯。廢名小說禪道意蘊較濃、地域特徵鮮明、民俗色彩突出，這些都是造成其小說不

易理解的原因。此外，也與周作人美學趣味的影響分不開。但是，根本原因則在於廢名自己獨特的「文學即夢」的文學觀和尚「晦澀」的審美觀（陳建軍〈廢名小說晦澀之因探析〉，《黃岡師專學報》1997年第2期）。

5. 影響研究

這裏所說的影響，包括兩個方面：一是廢名所受的影響，二是廢名所生的影響。廢名除受魯迅、周作人等同時代作家影響之外，中國傳統文化和古典文學也是其思想與創作上最重要的資源之一。他喜歡佛經道藏、六朝文章，喜歡陶淵明、庾信、杜甫等人的作品，特別是受李（商隱）詩溫（庭筠）詞的影響頗深。同時，喬治·艾略特、哈代、莎士比亞、塞萬提斯、契訶夫、波特萊爾等外國作家及其作品，對廢名也產生了很大的影響。廢名所生的影響「很大，很深，很遠」，「可以開出一系列受過廢名影響的作家的名單」（汪曾祺〈《小城無故事》序〉，《小城無故事》，作家出版社1986年版）。有資料顯示，在小說方面，沈從文、蕭紅、師陀、孫犂、汪曾祺、何立偉等一批作家都不同程度地受到了他的影響。散文方面，受其影響的有梁遇春、何其芳等人。詩歌方面，對卞之琳的影響尤為顯著（馮健男〈夢中彩筆創新奇——廢名的文學生涯和小說藝術〉，《廢名小說》，安徽文藝出版社1997年版；江弱水〈廢名〉，《卞之琳詩藝研究》，安徽教育出版社2000年版）。

對於廢名以上兩方面的影響，有不少學者作過深入細緻的研究。如將廢名與沈從文進行比較，這是眾多研究者的共同話題。楊義最早從文化視角論析了「廢名和沈從文的文化情致」。他認為「沈從文對宗法制農村文化的取向與廢名是採取一致方向的」，都是採

取順傳統的靜觀態度來觀察世界的。但沈從文的文化參照系比廢名要開闊一些，他是將鄉村文化和異化了的都市文化作對立物加以描寫的（楊義〈廢名和沈從文的文化情致〉，《文化衝突與審美選擇》，人民文學出版社 1988 年版）。杜秀華等人認為，廢名和沈從文的小說中都滲透進了「夢」的成分，通過對人性美的充分展示，營造起「夢中的田園」。就其思想內涵來說，廢名的田園中「藏匿著禪趣」，沈從文的田園裏「顯現出神性」。從「夢中的田園」的疆土來看，廢名的視野相對狹窄，沈從文的題材比較寬廣。二人在寫夢的手法上也有所區別：「一偏重於『趣』，一偏重於『情』」；一刻意製造「間隔」，一執著追求「融通」（杜秀華，許金龍〈夢中的田園──論廢名、沈從文小說的人性母題〉，《瀋陽師範學院學報》1999 年第 4 期）。

當代作家中，何立偉在很多內在的東西上比較接近廢名。楊劍龍注意到了這一現象，他具體勾畫了二人之間的相似之處，並準確地把握了他們之間的差異。他認為廢名和何立偉「都執意描寫古樸社會裏的平凡人生」，在「種種生的煩惱的敘寫中透出悲哀的氣息」。他們都有厭世傾向，「憧憬於一個『死』的寂寞」。但在對哀愁的表達上有所不同，廢名「著力表現的仍是鄉村生活的和諧寧靜」，何立偉則是「以壓抑的情感困惑的心去描畫小城裏人們的悲慘命運」。在表現手法上，二人都追求意境，講究「空白」，但廢名「常引用古典詩詞，和故事中的情境相映成趣」，何立偉則「常化用古詩意境，使作品籠上一層情調的詩意的微光」。在創作理論上，都自覺到「夢的真實與美」，認為文學是苦悶的象徵。二人都受到外國文學的影響，但何立偉更多的影響來自於契訶夫、蒲寧、川端康成、加繆、卡夫卡。在藝術風格的走向上，二人都是由詩化小說

的極致轉向幽默與諷刺，「隱去了詩味，凸出了荒誕的色彩」（楊劍龍〈寂寞的詩神：何立偉、廢名小說之比較〉，《中國現代文學研究叢刊》1990 年第 4 期）。

　　錢理群認為，廢名從中國「五四」以後為西方思潮所喚醒的中國現代知識份子身上發現了「堂吉訶德氣」。「廢名對中國現代知識份子『堂吉訶德氣』的發現，更是一種自我發現或自我覺醒。」深受《堂吉訶德》影響的《莫須有先生傳》和《莫須有先生坐飛機以後》，體現了「中國現代堂吉訶德」的「歸來」主題。這種「歸來」，既表現在「從現代工業文明的追求回復到中國以農民為主體的傳統農業文明」方面，又表現在「向傳統語言（包括傳統思維方式、心理、意趣、審美習慣……）的皈依」的語言試驗之中（錢理群〈廢名：現代堂吉訶德的歸來〉，《精神的煉獄──中國現代文學從「五四」到抗戰的歷程》，廣西教育出版社 1996 年版）。《莫須有先生傳》深受《堂吉訶德》的影響，學術界早有論及，但大多是些結論性話語。夏元明著文深入細緻地比較了二者在精神和技巧諸方面的異同。他認為，兩部作品不僅在思想內容（「社會和人性的批判性內涵」）、人物形象（「理想型的主人公」）等方面有相似之處，文體上，遊戲的筆調、「涉筆成書」式的結構，也是其共同的審美特徵。「《莫須有先生傳》可以說是二十世紀三十年代中國的《堂吉訶德》。」（夏元明〈《莫須有先生傳》與《堂吉訶德》之比較研究〉，《黃岡師範學院學報》2001 年第 6 期）

（二）詩歌

關於廢名詩歌的藝術成就，論者的評價向來是見仁見智，莫衷一是。卞之琳雖然承認廢名「應算詩人」，但又指明「馮（廢名）小說遠勝馮詩」，「他的分行新詩裏，也自有些吉光片羽，思路難辨，層次欠明。他的詩語言上古今甚至中外雜陳，未能化古化歐，多數場合佶屈聱牙，讀來不順，更少作為詩，儘管是自由詩，所應有的節奏感和旋律感」（卞之琳〈《馮文炳選集》序〉，《新文學史料》1984年第 2 期）。楊義認為是「小說優於詩和雜談，抒情小說優於諷刺小說，短篇小說優於長篇小說」（楊義〈廢名小說的田園風味〉，《中國現代文學研究叢刊》1982 年第 1 期）。蔣成瑀卻持異論，他說：「文學史家歷來只介紹廢名小說、散文，置詩歌不顧，其實他的詩不亞於小說、散文，其價值更高。」（蔣成瑀〈廢名詩歌解讀〉，《中國現代文學研究叢刊》1989 年第 4 期）臺灣詩人瘂弦則堅稱：「廢名的詩即使以今天最『前衛』的眼光來披閱，仍是第一流的，仍是最『現代的』」。（瘂弦〈禪趣詩人廢名〉，《中國新詩研究》，臺灣洪範書店 1982 年版）

廢名的詩歌如同其小說一樣，的確比較難懂。早在二十世紀三十年代，劉半農就說過：「廢名即馮文炳，有短詩數首，無一首可解」（〈劉半農日記（1936 年 1 月 6 日）〉，《新文學史料》1991 年第 1 期）。到了八十年代，艾青也說廢名的詩「更難於捉摸」（艾青〈中國新詩六十年〉，《艾青談詩》，花城出版社 1984 年版）。現在仍有不少論者認為廢名的詩歌「簡直是一隻黑箱」（蔣成瑀〈廢名詩歌解讀〉，《中國現代文學研究叢刊》1989 年第 4 期），一隻「迷人而

難啟的『黑箱』」（羅振亞〈迷人而難啟的「黑箱」──評廢名的詩〉，
《中國現代文學研究叢刊》1999 年第 2 期）。為了開啟這隻黑箱，
以孫玉石為代表的解詩學派，通過對廢名詩歌的一首一首地解讀，
力求揭示其詩歌的真實內涵（孫玉石主編《中國現代詩導讀
1917-1938》，北京大學出版社 1990 年版）。蔣成瑀把廢名的詩歌作
為個案納入到其整體「讀解學」的理論框架之中，他認為解讀廢名
的詩歌，「不應限於『知人論世』的傳統解讀法，有必要對詩歌本
體，即對詩的語言、結構、意象和體式進行研究」（蔣成瑀〈廢名
詩歌解讀〉，《中國現代文學研究叢刊》1989 年第 4 期）。馮健男認
為：讀廢名詩，第一要求解，第二要不求甚解。求解是基礎，不求
甚解是超脫（馮健男〈人靜山空見一燈──廢名詩探〉，《文學評論》
1995 年第 4 期）。

朱光潛曾說過：「廢名先生富敏感好苦思，有禪家與道人風味。
他的詩有一個深玄的背景，難懂的是這背景。」（朱光潛〈《文學雜
誌》編後記〉，《文學雜誌》1937 年 6 月 1 日第 1 卷第 2 期）這「深
玄的背景」是什麼呢？馮健男認為「就是禪家的靜觀、心象、頓悟、
機鋒，與李商隱詩溫庭筠詞的感覺、幻想、色彩、意象的現代化的
融合」（馮健男〈人靜山空見一燈──廢名詩探〉，《文學評論》1995
年第 4 期）。在具有現代主義詩風的詩人中，廢名的宇宙觀、詩學
觀，不像其他詩人主要來源於西方現代哲學、美學思想，他更多的
是得益於東方古老哲學與禪宗及美學。王澤龍認為：「不從禪理、
禪趣、禪思來解讀他的詩，是難以深入其堂奧的。」在他看來，廢
名的詩不以觀照現實的深厚顯示其意義，而是以對宇宙、生命本質
的哲理感悟顯示其精義。廢名的詩以沖淡為衣，具有幽靜、清遠而
空濛的意境美。同時，他還認為：「廢名以禪入詩，並非就是以詩

寫禪，與傳統禪詩中追求的那種水中月、鏡中花、不涉理路、不落
言荃的詩境與詩思特徵依然有別。」（王澤龍〈廢名的詩與禪〉,《江
漢論壇》1993 年第 6 期）

四、廢名研究的誤區和荒區

總的來講，近二十年的廢名研究無論在深度、廣度，還是在角
度、方法、數量等方面，都取得了一定的成績。但是，平心而論，
許多研究還只是借魯迅、周作人、李健吾等人對廢名的定論來論定
廢名，沒有什麼實質性的突破，甚至有些研究還陷入了誤區。這種
誤區，主要表現在如下兩個方面。

第一，廢名深受佛禪思想的影響，這是不爭的事實。問題在於：
廢名不是一位禪子，不是一位佛教徒（廢名筆下的人物莫須有先生
自稱是「禪宗大弟子」、「大佛教徒」、「大乘佛教徒」，並不意味著
廢名本人也是一位禪子或佛教徒）。儘管讀其小說、詩歌如同參
禪，但是他並非以作品來論禪、說禪、喻禪，而是借鑒禪宗致知
方式，並與藝術思維方式有機地結合在一起，來進行文學創作。
有的研究者生搬硬套佛禪的教義，圖解廢名的作品，顯得牽強附
會，有過於簡單化、神秘化甚至庸俗化之嫌。更有甚者，居然用
熊十力的佛學觀來分析廢名的作品。殊不知，廢名的佛學觀與熊
十力的佛學觀是針鋒相對的。有人斷言：只有從禪宗的角度切入，
才能尋找並發現廢名作品的真諦。其實，禪宗只是廢名作品的一
個審美向度，但絕不是惟一的向度。研究廢名，應該採取多元互
補的方法。惟有如此，才會對廢名在文學史上的地位和價值作出
比較公正、客觀的評價。

　　第二，一提到廢名的小說，不少人就以「詩化小說」、「田園小說」來概括其藝術風格。「詩化」或「田園化」代表著廢名小說創作的「純正風格」，廢名有相當一部分作品，如〈浣衣母〉、〈竹林的故事〉、〈河上柳〉、〈菱蕩〉、《橋》等都是這一風格的體現。但是，「詩化」或「田園化」並不是廢名小說藝術風格的全部。廢名小說的藝術風格有一個從平實到詩化到散文化的嬗變過程。他的早期作品（如〈講究的信封〉、〈少年阮仁的失蹤〉、〈追悼會〉等）現實性比較強，沒有一點詩的氣息。他的後期創作，如《莫須有先生傳》，特別是《莫須有先生坐飛機以後》也一掃《橋》等小說所具有的詩性特徵，或以微慍的幽默與諷喻來狀寫人世間的百態俗相，或採取「實錄」方法，再現人生的原生狀態；語言不再是簡潔凝練的，而是相當奇僻生辣或繁瑣綿密。因此，認為廢名的小說是「詩化小說」或「田園小說」，這種觀點至少說是片面的，不能概括廢名小說的整體風貌。

　　目前，廢名研究的領域還比較狹小，有許多荒區，需要研究者去開墾。如：

（一）生平事蹟

　　在長達二十年的時間內，研究廢名生平事蹟的文章大概只有十篇，專著僅有郭濟訪的《夢的真實與美──廢名》（花山文藝出版社1992年版）和馮健男的《我的叔父廢名》（接力出版社1995年版）兩部。這些文章或專著大多寫得比較簡略，有的是依據廢名的自傳性作品而寫成，帶有太多想像的成分，不能使人全面、詳細、真實地瞭解廢名的生平情況。廢名一生主要生活在四個地方：（1）

黃梅（1901 年至 1916 年；1937 年至 1946 年）；（2）武昌（1916
年至 1922 年）；（3）北京（1922 年至 1937 年；1946 年至 1952 年）；
（4）長春（1952 年至 1967 年）。相比而言，廢名在北京和長春兩
地的情況，大家談得比較多，代表性文章主要有金訓敏的〈不斷進
取，有所作為——懷念馮文炳先生〉（《吉林大學學報》1982 年第 6
期）、馮健男的〈廢名在戰後的北大〉（《新文學史料》1990 年第 1
期）等。但是，對廢名在黃梅、武昌的活動情況則談論得較少。特
別是抗戰期間避難黃梅的情況，幾乎是研究上的一塊空白。這段生
活是廢名一生的轉捩點，對他的思想、文學觀及後期創作都產生了
非常大的影響。（按：2001 年廢名誕辰一百周年之際，湖北省黃梅
縣政協教文衛文史資料委員會曾組編了一本《廢名先生》。內收廢
名的部分學生所寫的十幾篇回憶文章，雖然大多是印象式的，但有
很重要的史料價值。可惜的是，《廢名先生》並未公開出版。）

（二）長篇小說

　　研究者關注較多的是廢名的短篇小說，而很少研究其長篇小
說；即便研究，也不外乎一部《橋》。導致這一現象的原因是多方
面的，其中與某些論者看不起廢名的長篇小說有直接的關係。有人
認為，廢名的《莫須有先生傳》、《莫須有先生坐飛機以後》這兩部
小說實屬失敗之作，甚至根本就不能算作小說。廢名是一位富於探
索精神的小說家，這種探索精神不僅體現在他的短篇小說創作之
中，而且在他的長篇小說創作中表現得更為突出。他的三部長篇小
說風格迥異，各創一格。《橋》恰似綺麗的「雲」，《莫須有先生傳》
如同呼嘯的「風」，《莫須有先生坐飛機以後》好比漫漶的「水」。

研究廢名的長篇小說，能夠比較完整地呈現其創作的藝術風貌，揭示其不同階段的風格特點和前後風格變異的種種原因。

（三）散文創作

散文是廢名作品研究中的一塊荒地。過去乃至現今，有不少人是就廢名的散文化小說來談論其散文創作的。小說散文化畢竟還是小說，並不是嚴格意義上的散文。就廢名整個創作而言，散文處於承先啟後的位置。「沒有這批散文，先前寫《橋》和《莫須有先生傳》的文學家廢名與後來寫《阿賴耶識論》的哲學家廢名就接不上榫子。」（止庵〈關於《廢名文集》〉，《博覽群書》2000 年第 1 期）廢名的散文有如晚明的竟陵派，寫得比較「隔」。「概觀廢名的散文，可以說是『用平淡的談話，包藏著深刻的意味』，也可以說是『有澀味與簡單味，這才耐讀』。這兩句話，前一句是胡適說的，引自他的〈五十年來之中國文學〉；後一句是周作人說的，引自他的〈《燕知草》跋〉。」（馮健男〈廢名——傑出的散文家〉，《江漢論壇》1988 年第 6 期）

（四）詩歌理論

廢名的詩論《談新詩》是一部具有較高的學術價值的專著。廢名在將新詩與舊詩進行比較的同時，結合自己的寫作經驗，細緻剖析了「五四」到二十世紀三十年代具有代表性新詩人創作的成敗與得失，提出了自己獨特的新詩主張。他認為新詩要有「詩的內容，散文的文字」。他的新詩觀體現了鮮明的民族特色，也反映了中國新

詩的現代性訴求。到目前為止，評介其詩論的文章大概只有潘頌德的〈馮文炳的詩論〉(《上饒師專學報》1989 年第 1 期)、馮健男的〈廢名談詩和小說〉(《河北師範學院學報》1991 年第 2 期) 和孫玉石的〈廢名的新詩觀〉(日本「中國文學研究會」會刊《野草》1996 年 8 月第 58 號)、〈對中國傳統詩現代性的呼喚──廢名關於新詩本質及其與傳統關係的思考〉(《煙臺大學學報》1997 年第 2 期) 等數篇。關於廢名的新詩理論及其價值，還有待學界的進一步探究。

(五) 佛學思想

抗戰期間，廢名避難黃梅，著有《阿賴耶識論》，其動機在於批駁熊十力的《新唯識論》，探討佛學的本意。這本書旨在攻擊近代思想的核心──進化論，擁護古代聖哲和古代文明。廢名認為進化論是「舉世的妄想」，「中國的幾派人都是中了進化論的毒」，「佛教的真實是示人以『相對論』」。後來，廢名又在張中行主編的《世間解》雜誌上，發表〈佛教有宗說因果〉、〈「佛教有宗說因果」書後〉、〈體與用〉等文，主張「佛教的因果是說體的，世人的因果則是說用的」。廢名的佛學思想，自成體系，一如其創作，富有真知灼見和個人化色彩。解讀廢名的文學作品，不能不研究其佛學思想。令人感到遺憾的是，至今未見一篇專論廢名佛學觀的文章。

(原載《黃岡師範學院學報》
2002 年第 5 期；有關小說的部分，另載《貴州社會科學 2003 年第 5 期，
題為〈述評：1981 年以來的廢名小說研究〉；全文收入《廢名年譜》，
華中師範大學出版社 2003 年 12 月版)

附錄一

廢名生前未版著作目錄

《阿賴耶識論》

正文 1942 年冬至 1945 年秋作於黃梅，序 1947 年 3 月 13 日作於北平。存手抄本兩種。

序

第一章　述作論之故

第二章　論妄想

第三章　有是事說是事

第四章　向世人說唯心

第五章　「致知在格物」

第六章　說理智

第七章　破生的觀念

第八章　種子義

第九章　阿賴耶識

第十章　真如

《一個中國人民讀了新民主主義論後歡喜的話》

1949 年 4 月 1 日完稿。存手稿。

一　自述開卷有得

二　民族精神，科學方法

三　儒家是宗教

四　性善

五　科學與宗教

六　理智與宗教

七　相容並包與嚴格

八　從為人民到為君

九　新中國的教育

《古代的人民文藝──〈詩經〉講稿》

1950 年左右作。存手稿、部分謄清稿（僅〈桃夭〉、〈行露〉兩節）。

關雎

桃夭

漢廣

行露

摽有梅

野有死麕

匏有苦葉

蝃蝀

綢繆

東山

車鞏

《杜詩講稿》

前七講 1955 年至 1956 年作，存打印本。後三講 1960 年左右作，
題為「杜詩稿續」，存手稿。

第一講　杜甫〈自京赴奉先詠懷〉在中國文學史上的意義

第二講　分析〈前出塞〉、〈後出塞〉

第三講　分析三「吏」、三「別」

第四講　杜甫的律詩和他的偉大的抒情詩

第五講　秦州詩風格

第六講　入蜀詩的變化

第七講　夔州詩

第八講　杜甫的歌行

第九講　杜甫的絕句

第十講　詩的語言問題

《魯迅的小說》

約 1957 年作。存打印本。

魯迅的〈狂人日記〉

〈藥〉

《新民歌講稿》

1958 年 8 月至年底作。存手稿、打印本。

一　學習新民歌

二　新民歌是革命的現實主義和革命的浪漫主義的結合

三　詩的語言問題

四　詩的形式問題

五　歌頌篇

六　一年之間中國的農民和農村

七　工礦詩都是政治掛帥

八　中國人民子弟兵之一斑

《歌頌篇三百首》

1959 年 3 月 1 日至 5 月 10 日作。存手稿。

一　前言

二　半封建半殖民地

三　歌烈士

四　優先發展重工業

五　抗美援朝

六　矛盾論頌

七　再頌矛盾論

八　整風和反右

九　大字報贊

十　躍進篇一

十一　躍進篇二

十二　婦女篇

十三　贊五員

十四　知識份子改造

十五　偉大的教育革命

十六　人民公社好

《毛澤東同志著作的語言是漢語語法的規範》

1960 年 4 月作。存打印本。

一、漢語語法的要點

二、毛澤東同志著作的語言是漢語語法的規範

《魯迅研究》

1960 年 8 月完稿。存手稿、打印本（部分）。

引言

一　魯迅徹底地反對封建文化

二　魯迅是最早對寫普通話最有貢獻的人

三　魯迅期待炬火和自己不以導師自居

四　魯迅的政治路線和文藝實踐

五　魯迅早期思想裏的矛盾和中國新民主主義革命現實在魯迅作品的反映

六　魯迅重視思想改造

七　魯迅確信無產階級文學

八　魯迅的局限性的表現

九　〈狂人日記〉

十　〈藥〉

十一　〈阿Q正傳〉

十二　〈祝福〉

十三　〈傷逝〉

十四　學習魯迅和研究魯迅的方法

《美學講義》

1961年作。存打印本、刻印本和部分手稿（第五、第六、第八章）。
第九、第十章有目無文。

第一章　美是客觀存在

第二章　美學

第三章　群眾和美

第四章　民族形式和美

第五章　生活和美

第六章　作品的思想性和作品的美

第七章　內容和形式

第八章　美的創造和美感

第九章　不同的藝術標準

第十章　文學語言的問題必須從美學解決

《杜甫論》

1963 年 2 月完稿。存手稿。

一、難得的杜甫的歌頌人民

二、難得的自我暴露

三、杜甫走的生活的道路

四、杜甫的思想的特點

五、杜甫的性格的特點

六、杜詩的婦女形象

七、杜甫的一生對我們的借鑒

《杜甫詩論》

1963 年 8 月作。存第一節部分手稿，其他幾節有目無文。

生活是詩的源泉

杜詩的各體

杜詩的表現方法

杜詩的語言

杜詩的風格

杜詩怎樣學習前人

杜詩對後代的影響

杜詩對我們今天的借鑒

附錄二

已版廢名著作目錄

《竹林的故事》

　　新潮社 1925 年 10 月初版，北新書局 1927 年再版。

《桃園》

　　古城書社編譯所 1928 年 2 月初版，開明書店 1928 年 10 月再版、1930 年 10 月 3 版、1933 年 6 月四版「普及本」。

《棗》

　　開明書店 1931 年 10 月初版。

《橋》

　　開明書店 1932 年 4 月初版「普及本」、1932 年 6 月初版「精本」、1933 年 6 月再版。

《莫須有先生傳》

　　開明書店 1932 年 12 月初版、1933 年 6 月再版。

《水邊》

　　與開元（沈啟无）合著，朱英誕編校，新民印書館 1944 年 10 月初版。

《談新詩》

　　黃雨編，新民印書館 1944 年 11 月初版。

《招隱集》
　　開元（沈啟无）輯，大楚報社 1945 年 5 月初版。

《跟青年談魯迅》
　　中國青年出版社 1956 年 7 月初版。

《廢名小說選》
　　人民文學出版社 1957 年 11 月初版。

《談新詩》（增訂本）
　　馮健男編，人民文學出版社 1984 年 2 月版。

《馮文炳選集》
　　馮健男編，人民文學出版社 1985 年 3 月版。

《橋》（影印本）
　　上海書店 1986 年 12 月版。

《廢名選集》
　　李葆琰編選，四川文藝出版社 1988 年 7 月版。

《廢名散文選集》
　　馮健男選編，百花文藝出版社 1990 年 6 月版。

《莫須有先生傳》（影印本）
　　上海書店 1990 年 9 月版。

《田園小說》
　　吳中杰選編，上海文藝出版社 1993 年 7 月版。

《桃園　廢名田園小說選》
　　新疆大學出版社 1995 年 8 月版。

《廢名短篇小說集》
　　馮思純編，湖南文藝出版社 1997 年 1 月版。

《紡紙記》

　　倪偉編，珠海出版社 1997 年 4 月版。

《廢名小說》（上、下）

　　艾以、曹度主編，安徽文藝出版社 1997 年 9 月版。

《論新詩及其他》

　　陳子善編訂，遼寧教育出版社 1998 年 3 月版。

《廢名集》

　　程光煒、王麗麗選編，瀋陽出版社 1998 年 6 月版。

《竹林的故事》（影印本）

　　王彬編，中國文聯出版公司 1998 年 8 月版。

《招隱集》（影印本）

　　王彬編，中國文聯出版公司 1998 年 8 月版。

《初戀》

　　劉晴編選，華夏出版社 1998 年 8 月版。

《阿賴耶識論》

　　止庵編訂，遼寧教育出版社 2000 年 1 月版。

《廢名文集》

　　止庵編，東方出版社 2000 年 2 月版。

《竹林的故事》

　　廣西師範大學出版社 2003 年 3 月版。

《莫須有先生傳》

　　廣西師範大學出版社 2003 年 3 月版。

《廢名小說》

　　格非選編，浙江文藝出版社 2003 年 6 月版。

《廢名作品精選》

　　沙鐵華、月華選編，長江文藝出版社 2003 年 11 月版。

《新詩十二講——廢名的老北大講義》

　　遼寧教育出版社 2006 年 1 月版。

《橋‧桃園》

　　吳福輝選編，復旦大學出版社 2006 年 8 月版。

《廢名詩集》

　　陳建軍、馮思純編訂，台灣新視野圖書出版公司 2007 年 7 月版。

《廢名選集》

　　岳洪治選編，中國出版集團、人民文學出版社 2007 年 9 月版。

《廢名講詩》

　　陳建軍、馮思純編訂，華中師範大學出版社 2007 年 10 月版。

《新詩講稿》

　　與朱英誕合著，陳均編訂，北京大學出版社 2008 年 3 月版。

《廢名卷》

　　北京魯迅博物館編，陳潔選，遼寧人民出版社 2009 年 1 月版。

《廢名集》（六卷本）

　　王風編，劉中樹、錢理群、陳振國、陳建軍、陳方競、吉貞杏、
馮榮光任編委，北京大學出版社 2009 年 1 月版。

附錄三

廢名研究著作目錄

《馮文炳研究資料》

　　陳振國編，海峽文藝出版社 1991 年版。

《夢的真實與美——廢名》

　　郭濟訪著，花山文藝出版社 1992 年版。

《我的叔父廢名》

　　馮健男著，接力出版社 1995 版。

《廢名先生》

　　湖北省黃梅縣政協教文衛文史資料委員會 2001 年編印。

《鏡花水月的世界——廢名〈橋〉的詩學研讀》

　　吳曉東著，廣西教育出版社 2003 年版。

《廢名年譜》

　　陳建軍編著，華中師範大學出版社 2003 年版。

《抗戰時期廢名論》

　　張吉兵著，華中師範大學出版社 2008 年版。

《廢名小說研究》

　　田廣著，中國社會科學出版社 2009 年版。

《關於廢名》

　　眉睫（梅杰）著，台灣秀威資訊科技股份有限公司 2009 年版。

《廢名研究札記》

　　陳建軍，張吉兵著，台灣秀威資訊科技股份有限公司 2009 年版。

後記

　　我們兩人研究廢名都有很多年了。陳建軍先生在廢名研究資料的考訂上用力尤勤，我稱他是當今治廢名資料的第一人。我主要側重抗戰時期及以後的廢名研究。我們的工作得到廢名的哲嗣馮思純先生的肯定和稱讚。我們都撰有專著，這是我們第一次合作出版一個集子。集子中的文章主要是建軍先生的，我是附驥尾以馳驅。

　　集子中收錄的文章偏重史料事實考據。因為一般讀者，包括研究者對廢名的交往情況，對抗戰時期廢名避難家鄉黃梅的生活情形，對廢名的家族歷史，對廢名的學術研究情況比較缺乏瞭解，而我們恰恰做了些這方面的工作，現在輯錄結集出版，說不定可以起到些增廣見聞的作用。

　　這是一部文本研究之外的廢名研究文集。長期以來有關廢名的研究比較側重於文本研究，又較多矚目於廢名前期的幾部短篇小說集以及長篇小說《橋》、《莫須有先生傳》等。我們同樣為廢名作品所表現出的鮮明獨具的個性風格著迷，但也許是因為地緣因素的關係，這位同鄉先賢本人給了我們更多的親切與好奇，驅使我們進行探究。廢名在《莫須有先生坐飛機以後》中說：「詩人自己好比是春天，或者秋天，於是世界便是題材，好比是各種花木，一碰到春天便開花了，所謂萬紫千紅總是春，或者一葉落知天下秋。」（第七章）這闡明了作家與其作品的關係，瞭解作家本人是一條進入他的文學世界的途徑。所以文本之外的研究不能說無關乎文學藝術言說的宏旨。當然，本書所輯的幾組文章遠不足以描繪廢名，充其量只勾勒了一個剪影。

　　廢名作品以晦澀著稱，這個集子裏的文章與尋常的廢名研究論著異趣，偏冷、偏僻，不過相信對喜歡廢名的人來說，這個調子一定是十分習慣，能夠接受的。

　　建軍先生要增加我的參與度，命我寫這個後記，而他在「弁言」中把該在後記中應交代的事已作了交代。

張吉兵
2009 年 3 月 17 日

國家圖書館出版品預行編目

廢名研究札記 / 陳建軍, 張吉兵著. -- 一版.
-- 臺北市：秀威資訊科技, 2009.09
　　面；　　公分. -- (史地傳記；PC0093)
BOD 版
ISBN 978-986-221-284-4(平裝)

1. 馮文炳 2. 作家 3. 傳記 4. 中國

782.887　　　　　　　　　　　98015138

史地傳記類　PC0093

廢名研究札記

作　　者 / 陳建軍　張吉兵
主　　編 / 蔡登山
發 行 人 / 宋政坤
執行編輯 / 胡珮蘭
圖文排版 / 陳湘陵
封面設計 / 蕭玉蘋
數位轉譯 / 徐真玉　沈裕閔
圖書銷售 / 林怡君
法律顧問 / 毛國樑　律師
出版印製 / 秀威資訊科技股份有限公司
　　　　　台北市內湖區瑞光路 583 巷 25 號 1 樓
　　　　　電話：02-2657-9211　　　傳真：02-2657-9106
　　　　　E-mail：service@showwe.com.tw
經 銷 商 / 紅螞蟻圖書有限公司
　　　　　台北市內湖區舊宗路二段 121 巷 28、32 號 4 樓
　　　　　電話：02-2795-3656　　　傳真：02-2795-4100
　　　　　http://www.e-redant.com

2009 年 9 月 BOD 一版
定價：260 元

讀 者 回 函 卡

感謝您購買本書，為提升服務品質，煩請填寫以下問卷，收到您的寶貴意見後，我們會仔細收藏記錄並回贈紀念品，謝謝！

1.您購買的書名：_____

2.您從何得知本書的消息？

　□網路書店　□部落格　□資料庫搜尋　□書訊　□電子報　□書店

　□平面媒體　□ 朋友推薦　□網站推薦 □其他_____

3.您對本書的評價：(請填代號　1.非常滿意 2.滿意 3.尚可 4.再改進)

　封面設計____　版面編排____　內容____　文/譯筆____　價格____

4.讀完書後您覺得：

　□很有收獲　□有收獲　□收獲不多　□沒收獲

5.您會推薦本書給朋友嗎？

　□會　□不會，為什麼？_____

6.其他寶貴的意見：_____

_____

_____

_____

讀者基本資料

姓名：_____　年齡：_____　性別：□女 □男

聯絡電話：_____　E-mail：_____

地址：_____

學歷：□高中(含)以下　　□高中　　□專科學校　　□大學

　　　□研究所(含)以上 □其他_____

職業：□製造業 □金融業 □資訊業 □軍警 □傳播業 □自由業

　　　□服務業 □公務員 □教職　□學生 □其他_____

To：114

台北市內湖區瑞光路 583 巷 25 號 1 樓

秀威資訊科技股份有限公司　　　收

寄件人姓名：

寄件人地址：□□□

(請沿線對摺寄回,謝謝!)

秀威與 BOD

BOD（Books On Demand）是數位出版的大趨勢，秀威資訊率先運用 POD 數位印刷設備來生產書籍，並提供作者全程數位出版服務，致使書籍產銷零庫存，知識傳承不絕版，目前已開闢以下書系：

一、BOD 學術著作—專業論述的閱讀延伸
二、BOD 個人著作—分享生命的心路歷程
三、BOD 旅遊著作—個人深度旅遊文學創作
四、BOD 大陸學者—大陸專業學者學術出版
五、POD 獨家經銷—數位產製的代發行書籍

BOD 秀威網路書店：www.showwe.com.tw
政府出版品網路書店：www.govbooks.com.tw

永不絕版的故事‧自己寫‧永不休止的音符‧自己唱